Beck EDV-Berater · Sofort im Griff:
Word für Windows 95

Der kurze Weg zum Erfolg
von Oliver Bouchard und Elke Nominikat

Deutscher
Taschenbuch
Verlag

dtv

Herausgegeben von Andreas Patschorke und Christian Spitzner

Gedruckt auf säurefreiem, aus chlorfrei gebleichtem Zellstoff hergestelltem Papier

Redaktionsschluß: Januar 1996

Redaktionelle Verantwortung: Verlag C.H.Beck, München
Umschlag: Fuhr & Wolf Design-Agentur, Frankfurt a.M.
Satz: OPS Verlagsgesellschaft mbH, München
Druck und Bindung: C.H.Beck'sche Buchdruckerei, Nördlingen
ISBN 3 423 50362 9 (dtv)
ISBN 3 406 40471 5 (C. H. Beck)

Inhaltsverzeichnis

1. Arbeiten mit Word

In diesem Kapitel lernen Sie die Grundlagen für das Arbeiten mit Word kennen. Sie sehen, wie Word gestartet und beendet wird, wie Texte eingegeben und formatiert werden und wie Sie Hilfestellung vom Programm erhalten können.

1.1 Word starten und beenden

1.1.1 Word mit einem vorhandenen Dokument starten

Word läßt sich durch Öffnen einer der folgenden Dateien starten:

Symbol	**Art der Datei**
	Word-Dokument
	Word-Dokumentvorlage
	Word-Sicherungsdatei

Eine Datei wird unter Windows 95 geöffnet, indem auf sie doppelgeklickt oder *Öffnen* aus dem Kontextmenü gewählt wird.
Alternativ läßt sich das zu öffnende Dokument auch aus dem *Öffnen*-Dialogfeld auswählen, das folgendermaßen erreichbar ist:

- Klicken Sie auf die Schaltfläche *Ein Dokument öffnen* in der Office-Symbolleiste.
- Wählen Sie *Microsoft Office Datei Öffnen* aus dem Startmenü.

Das Öffnen-Dialogfeld wird in Abschnitt 1.7.2 ausführlicher vorgestellt.

Abb. 1.1: Der gemeinsame Öffnen-Dialog der Office-Anwendungen

1.1.2 Word mit einem neuen Dokument starten

Unter Windows 95 legen Sie ein neues Word-Dokument an, indem Sie im Kontextmenü der Arbeitsoberfläche aus dem Untermenü *Neu* den Eintrag *Microsoft Word-Dokument* wählen. Anschließend befindet sich ein leeres Word-Dokument mit dem Namen *Neufassung von Microsoft Word-Dokument* auf der Arbeitsoberfläche.

Ein auf diese Weise erstelltes Dokument beruht auf der Dokumentvorlage *Normal*. Um eine andere Dokumentvorlage oder einen Assistenten für das neue Dokument zu verwenden, öffnen Sie das *Neu*-Dialogfeld mit einer der folgenden Methoden:

- Klicken Sie auf die Schaltfäche *Ein neues Dokument beginnen* in der Office-Symbolleiste.
- Wählen Sie *Microsoft Office Datei Neu* aus dem Startmenü.
- Wählen Sie *Weitere Office Dokumente* aus dem *Neu*-Untermenü des Kontextmenüs der Arbeitsoberfläche.

Das so geöffnete *Neu*-Dialogfeld enthält Vorlagen für alle installierten Office-Anwendungen. Wählen Sie die gewünschte Vorlage aus und klicken Sie auf *OK*. Dokumentvorlagen werden ausführlicher in Abschnitt 2.4 vorgestellt.

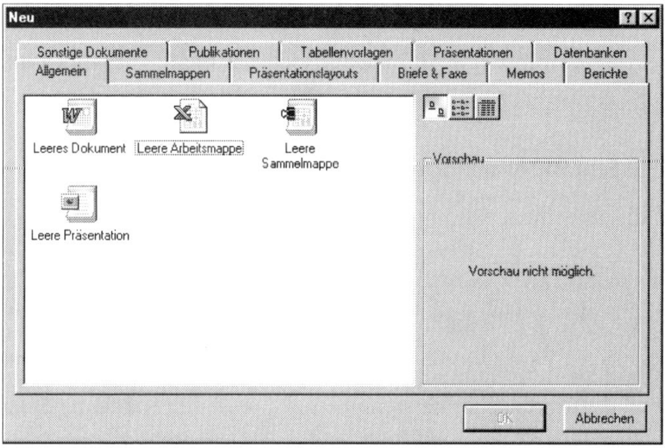

Abb. 1.2: Das gemeinsame Neu-Dialogfeld der Office-Anwendungen

Hinweis:
Die Standarddokumentvorlage wird beim ersten Starten von Word angelegt, so daß u.U. die Vorlage *Leeres Word-Dokument* vor dem ersten Word-Start noch nicht im *Neu*-Dialogfeld enthalten ist.

1.1.3 Word über das Startmenü starten

Nach der Installation wird die Auswahl *Microsoft Word* im Menü *Programme* des Startmenüs angelegt, über die Sie Word starten können.

1.1.4 Word beenden

Word kann auf folgende Arten beendet werden:

- Auswahl von *Beenden* im Menü *Datei*
- Schließen des Word-Fensters
- Herunterfahren von Windows

In allen 3 Fällen zeigt Word bei nichtgespeicherten Texten eine Warnung an, bei der Sie die Möglichkeit haben, den Text zu speichern.

1.2 Hilfetexte und Ratgeber

Die Hilfefunktion von Word aktivieren Sie immer durch Drücken von [F1].

1.2.1 Situationsbezogene Hilfe durch Infofelder

Um die Arbeit zu erleichtern, stellt Word in jeder Situation erklärende Texte zu Verfügung, die in einem Infofeld direkt neben dem Element angezeigt werden, auf das sie sich beziehen. Die situationsbezogene Hilfe läßt sich je nach Element folgendermaßen aktivieren:

- Wenn Sie den Mauszeiger auf eine Symbolschaltfläche ziehen und dort kurze Zeit verweilen lassen, wird der Name der Schatfläche angezeigt.
- Wenn Sie auf die Schaltfläche *Hilfe* klicken, so wird neben dem Mauszeiger ein Fragezeichen angezeigt. Klicken Sie mit diesem Hilfe-Mauszeiger auf ein Element, neben dem dann das Infofeld erscheint.
- Wenn Sie in einem Dialogfeld auf die Fragezeichen-Schaltfläche in der Titelleiste klicken, erhalten Sie ebenfalls den Hilfe-Mauszeiger.
- In vielen Fällen kann ein Infofeld auch durch Klicken mit der rechten Maustaste angezeigt werden.

1.2.2 Hilfetexte finden

Die Hilfetexte stellen die komplette Dokumentation zu Word dar. Das Hilfesystem unterstützt folgende 4 Möglichkeiten, um die gewünschte Information zu finden.

- Auf der Registrierkarte *Inhalt* sind die Hilfeinformationen wie in einer gedrucken Dokumentation nach Kapiteln gegliedert. Einträge mit einem Seitensymbol vor der Überschrift führen nach einem Doppelklick zum entsprechenden Hilfetext.
- Auf der Registrierkarte *Index* lassen sich die Hilfeinformationen über ein Stichwort finden. Geben Sie dazu in das obere Feld ein Stichwort ein und wählen Sie dann in der Liste durch Doppelklick das gewünschte Thema.

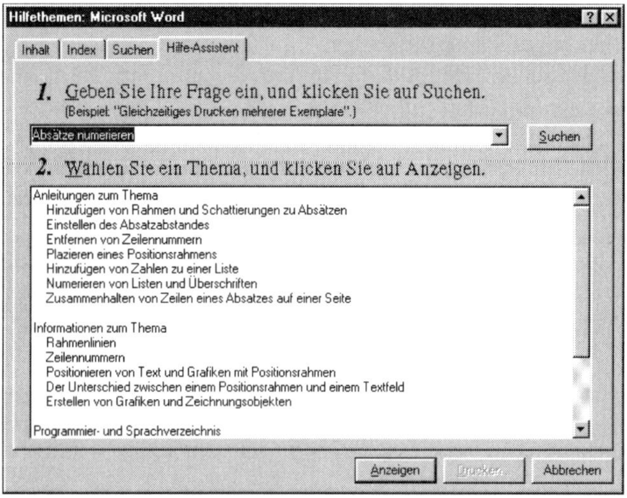

1.3: Das Hilfethemen-Dialogfeld

- Auf der Registrierkarte *Suchen* können Sie nach dem Auftreten eines bestimmten Wortes in den Hilfetexten suchen. Geben Sie ein paar Anfangsbuchstaben im oberen Eingabefeld ein und klikken Sie auf das gewünschte Wort in der mittleren Liste. In der unteren Liste läßt sich schließlich das gewünschte Hilfethema durch Doppelklick anzeigen. Beim ersten Aufruf der Suchfunktion wird zunächst eine Datenbank mit den Suchwörtern erstellt.
- Auf der Registrierkarte *Hilfe-Assistent* läßt sich ein Hilfethema durch Eingabe einer Frage finden. Dazu geben Sie die Frage im oberen Eingabefeld ein und öffnen dann das gewünschte Hilfethema in der unteren Liste.

1.2.3 Der Tip-Assistent

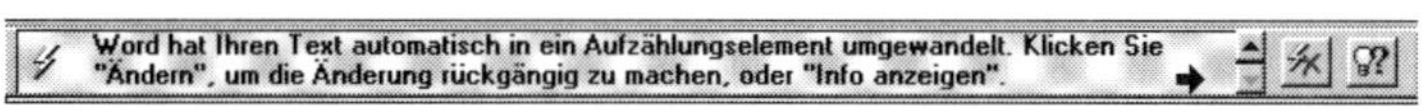

Der Tip-Assistent informiert Sie, wenn Word eine automatische Formatierung durchgeführt hat (siehe Abschnitt 1.6.3). Der Tip-Assistent verfügt über folgende Funktionen:

- Die Schaltflächen mit den Pfeilen erlauben das Blättern durch die bisher angezeigten Ratschläge.
- Mit der Schaltfläche *Ändern* läßt sich die automatische Formatierung wieder rückgängig machen.
- Die Schaltfläche *Info anzeigen* informiert Sie darüber, durch welche Einstellung die automatische Formatierung zustandekam.
- Die Schaltfläche *Tip-Assistent* in der Symbolleiste blendet den Tip-Assistenten ein und aus.

Der Tip-Assistent wird über das *Optionen*-Dialogfeld (*Extras/Optionen*) auf der Registrierkarte *Allgemein* über die Option *Tip-Assistent aktiv* ein- und ausgeschaltet.

1.3 Das Word-Fenster

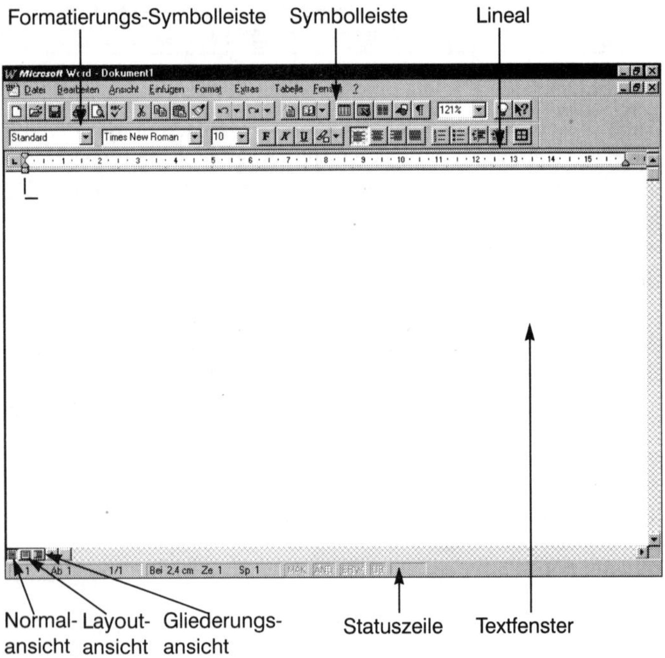

Abb. 1.5: Das Word-Fenster

Nachdem Sie Word gestartet haben, wird das Word-Fenster angezeigt. Darin sind die folgenden Elemente enthalten:

- Über die Symbolleiste haben Sie schnellen Zugriff auf häufig benötigte Word-Funktionen. Sie können die Symbolleiste in ihrem Aufbau frei verändern (siehe Abschnitt 6.1) und an verschiedene Stellen auf dem Bildschirm plazieren. Word kann zudem mehrere Symbolleisten gleichzeitig anzeigen.
- Die Formatierungs-Symbolleiste umfaßt die am häufigsten benötigten Funktionen zum Formatieren des Textes.
- Das Lineal zeigt die Seitenränder, Absatzeinrückungen, Tabstops und Spalten. Durch Ziehen der entsprechenden Marken mit der Maus lassen sich diese Einstellungen direkt verändern. In der Layoutansicht wird zudem noch ein vertikales Lineal angezeigt, an dem Sie die genaue Position von Text und Grafik auf der Seite ablesen können.
- *Normalansicht*, *Layoutansicht* und *Gliederungsansicht* korrespondieren mit den entsprechenden Auswahlen im *Ansicht*-Menü und schalten zwischen den 3 Ansichten von Word-Texten um.
- In der Statuszeile sind von links nach rechts folgende Informationen ablesbar:
  - Seite, Abschnittsnummer der Stelle, an der sich die Einfügemarke befindet, sowie die Gesamtanzahl der Seiten
  - Vertikale Position, aktuelle Zeilennummer auf der Seite und Nummer des aktuellen Zeichens in der Zeile, in der sich die Einfügemarke gerade befindet
  - Uhrzeit
  - Ein hervorgehobenes *MAK* zeigt an, daß ein Makro aufgezeichnet wird.
  - Ein hervorgehobenes *ÄND* zeigt an, daß der Überarbeitungsmodus eingeschaltet ist. Im Überarbeitungsmodus werden alle Textänderungen im Text markiert und können wieder rückgängig gemacht werden (*Extras/Überarbeiten*).
  - Ein hervorgehobenes *ERW* zeigt an, daß durch Bewegung der Einfügemarke die Markierung vergrößert wird.
  - Ein hervorgehobenes *ÜB* zeigt an, daß der Überschreibemodus eingeschaltet ist.
  - Ein Buchsymbol zeigt den Status der automatischen Rechtschreibhilfe.

- Das Textfenster ist die Fläche, auf die Sie Text schreiben. Word kann mehrere Textfenster gleichzeitig darstellen.

1.4 Text eingeben und korrigieren

1.4.1 Text eingeben

Im Textfenster ist ein blinkender, senkrechter Strich, die sogenannte Einfügemarke, zu sehen. Diese markiert die Stelle, an der das nächste Zeichen eingegeben wird. Wenn Sie auf eine Buchstaben-, Zeichen- oder Nummerntaste drücken, erscheint ein Buchstabe, ein Zeichen bzw. eine Zahl und die Einfügemarke wird um eine Position vorgerückt.
Wenn Sie ein Wort schreiben, das nicht mehr in die Zeile paßt, so wird das Wort komplett in die nächste Zeile geschrieben. Word trennt allerdings die Wörter bei der Eingabe, wenn die automatische Silbentrennungsfunktion eingeschaltet ist (siehe Abschnitt 3.2.1).
Drücken Sie [↵], um einen Absatz zu beenden. Word fügt dann eine Absatzwechselmarke ein und setzt die Einfügemarke an den Anfang der nächsten Zeile. Wenn Sie [Umschalt]+[↵] drücken, setzt Word die Einfügemarke ebenfalls an den Anfang der nächsten Zeile, erzeugt aber keinen Absatzwechsel. Diese Funktion benötigen Sie für einige spezielle Formatierungsaufgaben.

1.4.2 Automatische Korrektur

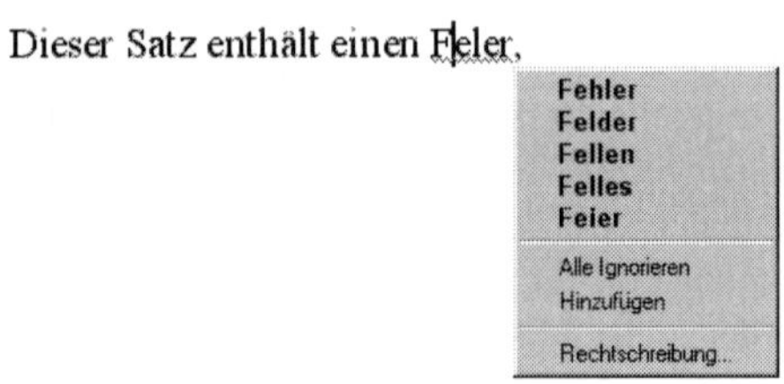

Abb. 1.6: Automatische Korrektur

Word verfügt über eine automatische Korrektur, die die Rechtschreibung jedes Wortes während der Texteingabe überprüft und als falsch erkannte Wörter mit einer roten Wellenlinie markiert. Wenn Sie mit der rechten Maustaste auf das markierte Wort klicken, werden Ihnen in einem Kontextmenü folgende Auswahlen angeboten:

- Aus der Liste mit den Änderungsvorschlägen läßt sich das falsch geschiebene Wort direkt korrigieren.
- *Alle ignorieren* bewirkt, daß das Wort akzeptiert wird, ohne in ein Wörterbuch aufgenommen zu werden. Das Wort wird allerdings u.U. nach Textänderungen wieder als falsch geschrieben markiert.
- *Hinzufügen* fügt das als falsch markierte Wort in das aktuelle Benutzerwörterbuch ein. Das aktuelle Benutzerwörterbuch stellen Sie in den Rechtschreiboptionen ein. (Abschnitt 3.1.3).
- *Rechtschreibung* öffnet das Rechtschreibung-Dialogfeld, indem weitere Rechtschreibfunktionen zur Verfügung stehen (Abschnitt 3.1.1).

Der Status der Rechtschreibhilfe läßt sich an einem Symbol in der Statuszeile ablesen. Das Symbol  zeigt, daß keine Fehler im Text gefunden wurden. Durch  zeigt Word an, daß Fehler entdeckt wurden. Durch Doppelklick auf dieses Symbol wird das Rechtschreibung-Dialogfeld geöffnet.

Hinweis:
Falls Word alle Wörter als falsch geschrieben markiert, so liegt das möglicherweise daran, daß die falsche Sprache eingestellt ist. Sie stellen die Sprache unter *Extras/Sprache* ein.

Sie schalten die automatische Rechtschreibhilfe aus, indem Sie im Optionen-Dialogfeld (*Extras/Optionen*) auf der Registrierkarte *Rechtschreibung* das Kontrollkästchen *Automatische Rechtschreibprüfung* deaktivieren.

1.4.3 Einfügemarke bewegen

Wenn Sie mit der Maus an eine beliebige Stelle im Text klicken, wird die Einfügemarke an diese Stelle gesetzt. Weiterhin können Sie die Einfügemarke mit folgenden Tastenkombinationen bewegen:

Tastenkombination	Bewegt die Einfügemarke
[←], [→]	ein Zeichen nach links bzw. nach rechts.
[↑], [↓]	eine Zeile nach oben bzw. nach unten.
[Strg]+[→]	an das Ende des Wortes bzw. an den Anfang der nächsten Wortes.
[Strg]+[←]	an den Anfang des Wortes bzw. an den Anfang der vorigen Wortes.
[Ende], [Pos1]	an das Ende bzw. an den Anfang der Zeile.
[Strg]+[↑]	an den Anfang des Absatzes.
[Strg]+[↓]	an das Ende des Absatzes.
[Bild⇧], [Bild↓]	an den Anfang der vorigen bzw. nächsten Textfensterseite.
[Strg]+[Bild↑]	in die erste Zeile des Textfensters.
[Strg]+[Bild↓]	in die letzte Zeile des Textfensters.
[Strg]+[Alt]+[Bild↑]	an den Anfang der Druckseite.
[Strg]+[Alt]+[Bild↓]	an das Ende der Druckseite.
[Strg]+[Ende]	an das Ende des Textes.
[Strg]+[Pos1]	an den Anfang des Textes.

1.4.4 Text markieren

Für viele Funktionen, wie z.B. das Formatieren, muß zuvor eine Textstelle markiert worden sein. Markierte Textstellen werden invers dargestellt. Dabei stellt die Markierung sozusagen eine Erweiterung der Einfügemarke dar, die verschwindet, sobald Sie die Einfügemarke bewegen.

1.4.4.1 Text mit der Maus markieren

Word kennt folgende Methoden, um Text mit der Maus zu markieren:

Vorgehen	**Effekt**
Mauszeiger bei gedrückter Maustaste über eine Textstelle ziehen	markiert diese Textstelle.
Doppelklicken auf ein Wort	markiert das Wort.
Klicken links neben eine Textzeile	markiert die Textzeile.
Doppelklicken links neben einer Textzeile	markiert den Absatz.
Klicken auf eine Textstelle bei gedrückter Taste [Strg]	markiert den Satz.
Ziehen des Mauszeigers links neben dem Text	markiert alle Absätze, an denen der Mauszeiger vorbeigezogen wurde.
Dreifach-Klicken links neben dem Text	markiert den gesamten Text.
Ziehen der Maus bei gedrückter Taste [Alt]	markiert einen beliebigen Textblock.

1.4.4.2 Text mit der Tastatur markieren

Text wird über die Tastatur markiert, indem Sie [Umschalt] gedrückt halten, während Sie mit den üblichen Tastenkombinationen die Einfügemarke bewegen.
Alternativ dazu können Sie mit [F8] in den Erweiterungsmodus schalten. Alle Bewegungen der Einfügemarke sowie weiteres Drükken von [F8] erweitern dann die Markierung. Drücken Sie [Esc], um den Erweiterungsmodus auszuschalten.

1.4.5 Text korrigieren und löschen

Word fügt Text üblicherweise an der Position der Einfügemarke ein. Um das Zeichen rechts neben der Einfügemarke zu überschreiben,

schalten Sie durch [Einfg] in den Überschreibemodus. Erneutes Drücken von [Einfg] schaltet wieder in den Einfügemodus.
Wenn Sie eine Textstelle markiert haben, so wird sie durch die Eingabe des nächsten Zeichens überschrieben. Sollte Ihnen auf diese Weise versehentlich Text verlorengehen, können Sie diesen direkt darauf wieder zurückholen (siehe Abschnitt 1.4.7).
Mit folgenden Tastenkombinationen läßt sich Text löschen:

Tastenkombination	Funktion
[Entf]	löscht das Zeichen rechts von der Einfügemarke oder markierten Text.
[Rücktaste]	löscht das Zeichen links von der Einfügemarke oder markierten Text.
[Strg]+[Entf]	löscht das Wort rechts von der Einfügemarke.
[Strg]+[Rücktaste]	löscht das Wort links von der Einfügemarke.

1.4.6 Text kopieren und verschieben

Text kopieren und verschieben Sie mit der Maus folgendermaßen:
1. Markieren Sie den gewünschten Textblock.
2. Ziehen Sie den Textblock mit der Maus an die neue Position. Halten Sie dabei [Strg] gedrückt, wenn Sie den Text kopieren wollen statt ihn zu verschieben.

Dasselbe führen Sie wie folgt über Tastatur und Symbolleiste bzw. Menü durch:
1. Markieren Sie den gewünschten Textblock.
2. Wählen Sie *Ausschneiden* aus der Symbolleiste oder aus dem *Bearbeiten*-Menü ([Strg]+[X]), wenn Sie Text verschieben wollen. Wählen Sie entsprechend *Kopieren* ([Strg]+[C]), wenn Sie Text kopieren wollen.
3. Bewegen Sie die Einfügemarke an die gewünschte Position.
4. Wählen Sie *Einfügen* aus der Symbolleiste oder aus dem *Bearbeiten*-Menü ([Strg]+[V]), um den Textblock einzufügen.

Die zweite Methode verwendet die Windows-Zwischenablage und läßt sich auch zwischen verschiedenen Anwendungen durchführen.

1.4.7 Änderungen rückgängig machen

Word erlaubt Ihnen, Änderungen im Text rückgängig zu machen. Die jeweils letzte Änderung widerrufen Sie über die Schaltfläche *Rückgängig* in der Symbolleiste oder durch die Auswahl von *Rückgängig* im Menü *Bearbeiten*. Sie können so oft Änderungen rückgängig machen, bis sie den gewünschten Zustand des Textes wiederhergestellt haben.
Rückgängig gemachte Änderungen können umgekehrt über die Schaltfläche *Wiederherstellen* in der Symbolleiste oder durch Auswahl von *Wiederherstellen* im Menü *Bearbeiten* widerrufen werden.

1.4.8 Tips für die Texteingabe

Word läßt sich zwar wie eine Schreibmaschine verwenden, Sie verschenken sich dadurch aber viele Möglichkeiten, die Ihnen die Arbeit erleichtern würden. Die einfache, direkte Vorgehensweise kann Sie oftmals nachträglich noch Zeit und Nerven kosten. Sie müssen in vielen Fällen Word zusätzliche Formatinformationen geben, damit es Ihren Text wunschgemäß auf das Papier bringen kann. Dabei benötigen Sie vielleicht ein bißchen mehr Zeit beim ersten Erstellen eines Textes. Bei weiteren Texten ähnlicher Art können Sie jedoch über Dokumentvorlagen (siehe Kapitel 2.4) wieder darauf zugreifen und sehr schnell zu professionellen Ergebnissen kommen.
Im folgenden sind einige Tips für die Texteingabe aufgeführt:

- Verwenden Sie keine aufeinanderfolgenden Leerzeichen, um Text auszurichten. Bei Proportionalschriften wie *Arial* und *Times New Roman* werden Sie damit nicht zufriedenstellende Ergebnisse erzielen. Nutzen Sie statt dessen Formatierungsmöglichkeiten (siehe Kapitel 2) und Tabstops bzw. Tabellen (siehe Abschnitt 8.1 bzw. 8.2)
- Auch leere Absätze zum Vergrößern des Zwischenraums zwischen Absätzen, lassen sich durch das Verändern der Absatzformate (siehe Abschnitt 2.2) leicht vermeiden. Das hat den Vorteil, daß Sie den Zwischenraum millimetergenau festlegen können.

- Trennen Sie keine Wörter. Der normale Bindestrich mit [-] wird in Word stets angezeigt, auch wenn das Wort durch Textänderungen so verschoben wird, daß es nicht mehr getrennt werden muß. Verwenden Sie statt dessen die Trennhilfe (siehe Abschnitt 3.2).

1.5 Bildschirmanzeige verändern

1.5.1 Ansichten wechseln

Word unterstützt 2 Ansichten zur Textbearbeitung:

- Die *Layoutansicht* versucht den Text inklusive Kopf- und Fußzeilen, Fußnoten und Grafiken so auf dem Bildschirm darzustellen, wie er gedruckt wird. Diese Funktion verschafft Ihnen einen besseren Überblick und erleichtert die Positionierung von Grafiken usw. Der Nachteil ist ein langsamerer Bildschirmaufbau.
- Die *Normalansicht* stellt nur den eigentlichen Text dar. Kopf-, Fußzeilen und Fußnoten werden in speziellen Fenstern eingegeben. Die Position von Grafiken wird nur ungefähr wiedergegeben.

Sie wechseln zwischen den Ansichten über *Layout* bzw. *Normal* im Menü *Ansicht*. Alternativ können Sie die Schaltflächen in der unteren linken Ecke des Textfensters verwenden.

1.5.2 Textgröße verändern

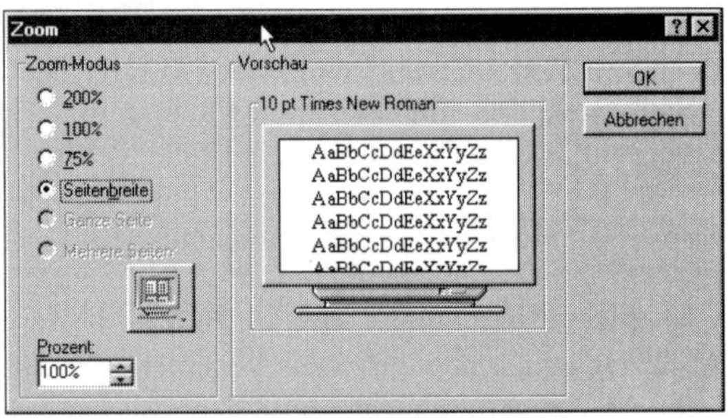

Abb. 1.7: Textgröße verändern

Word ermöglicht es, die Größe des angezeigten Textes fast beliebig zu verändern. Dabei beeinflussen Sie lediglich die Anzeige am Bildschirm, die Druckausgabe bleibt davon unberührt.

Wählen Sie dazu *Zoom* aus dem Menü *Ansicht*. Ein Dialogfeld erlaubt folgende Einstellungen:

- *200%, 100%, 75%* zeigt die Seite in entsprechender Vergrößerung bzw. Verkleinerung an. 100% entspricht dabei ungefähr der Originalgröße des Textes nach dem Ausdruck.
- *Seitenbreite* ändert die Textgröße so, daß der Text in der Breite genau in das Textfenster paßt.
- *Ganze Seite* zeigt eine ganze Seite im Textfenster.
- *Mehrere Seiten* zeigt mehrere Seiten im Textfenster.
- *Prozent* erlaubt Ihnen die Angabe eines beliebigen Vergrößerungs- bzw. Verkleinerungsfaktors.

Diese Optionen sind auch im einzeiligen Listenfeld *Zoom einstellen* in der Symbolleiste verfügbar.

1.6 Einfaches Formatieren

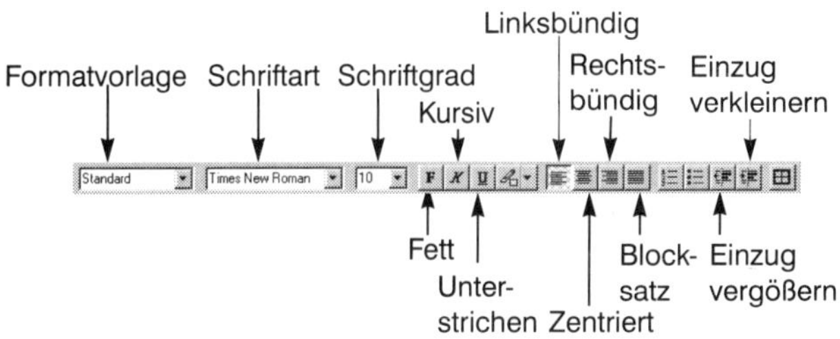

Abb. 1.8: Die Formatierungs-Symbolleiste

In diesem Abschnitt erfahren Sie, wie Sie über die Formatierungs-Symbolleiste schnell das Erscheinungsbild Ihres Textes ändern können. Die hier vorgestellten Methoden sollten Sie nur für kurze, schnell anzufertigende Texte verwenden. Im allgemeinen lohnt sich die Verwendung von Formatvorlagen, wie sie in Abschnitt 2.3 vorgestellt werden.

1.6.1 Zeichen formatieren

Die Zeichenformatierung betrifft das Aussehen einzelner Buchstaben oder anderer Zeichen. Wenn Sie die Zeichenformatierung verändern, gilt sie für neu einzugebenden Text. Um bereits eingegebenen Text zu formatieren, müssen Sie ihn zuvor markieren (siehe Abschnitt 1.4.4). In der Formatierungs-Symbolleiste können Sie folgende Einstellungen für die Zeichenformatierung vornehmen:

- Die Schriftart läßt sich aus allen im System installierten Schriftarten über das einzeilige Listenfeld *Schriftart* auswählen. Ein TT-Symbol kennzeichnet eine TrueType-Schrift, ein Druckersymbol eine druckerspezifische oder eine Adobe-Type-1-Schrift.
- Der Schriftgrad (Schriftgröße) läßt sich im einzeiligen Listenfeld *Schriftgrad* in Punkt festlegen. Sie können dabei in das Feld auch Schriftgrade eingeben, die nicht in der Liste vorgeschlagen sind. TrueType- und Adobe-Type-1-Schriften können dabei sowohl auf dem Bildschirm als auch auf dem Drucker in jeder Größe dargestellt werden. Druckerspezifische Schriften können unter Umständen nur in bestimmten Schriftgraden verfügbar sein.
- Mit *Fett*, *Kursiv* und *Unterstrichen* legen Sie den Schriftstil fest. Die 3 Schaltflächen können auch kombiniert werden. Beachten Sie jedoch, daß nicht alle Schriftstile für alle Schriftarten verfügbar sind.

1.6.2 Absätze formatieren

Die Absatzformatierung bestimmt, wie ein Absatz auf der Druckseite angeordnet wird. Wenn Sie die Absatzformatierung verändern, gilt sie für den aktuellen Absatz. Um einen bereits geschriebenen Absatz zu verändern, setzen Sie die Einfügemarke in diesen Absatz. Um mehrere Absätze gleichzeitig zu formatieren, müssen diese markiert werden. Für die Absatzformatierung existieren folgende Schaltflächen in der Formatierungs-Symbolleiste:

- *Linksbündig* richtet den Absatz am linken Seitenrand aus.
- *Zentriert* richtet jede Zeile des Absatzes in der Mitte zwischen den Seitenrändern aus.
- *Rechtsbündig* richtet den Absatz am rechten Seitenrand aus.

- *Blocksatz* richtet den Absatz so aus, daß am linken und rechten Seitenrand ein glatter Rand entsteht.
- *Einzug verkleinern* rückt den Absatz um 1,25cm nach links ein.
- *Einzug vergößern* rückt den Absatz um 1,25cm nach rechts ein.

1.6.3 Automatische Formatierung

Word ersetzt in folgenden Fällen bestimmte Texteingaben durch eine Formatierung:

- Beginnt ein Absatz mit einem einzelnen Zeichen, das einem Aufzählungssymbol ähnlich sieht, formatiert Word den aktuellen und den nachfolgenden Absatz als Aufzählung.
- Beginnt ein Absatz mit einer Ordinalzahl (1., 2., 3. usw.), so formatiert Word den aktuellen und den nachfolgenden Absatz als Numerierung.
- Beginnt ein Absatz mit mehreren aufeinanderfolgenden Bindestrichen oder Gleichheitszeichen, so fügt Word eine Rahmenlinie ein.
- Besteht ein Absatz nur aus einer Zeile und ist der nächste Absatz leer, so wird der einzeilige Absatz als Überschrift (Formatvorlage *Überschrift 1*) formatiert.

Bis auf die zuletzt aufgeführte automatische Formatierung verwendet Word eine direkte Formatierung, so daß im Allgemeinen die explizite Verwendung einer Formatvorlage vorzuziehen ist.
Die 4 automatischen Formatierungen lassen sich einzeln im Optionen-Dialogfeld (*Extras/Optionen*) auf der Registrierkarte *AutoFormat* durch Deaktivierung der entsprechenden Kontrollkästchen ausschalten.

1.7 Texte verwalten

1.7.1 Text speichern

Um den Text zu speichern, wählen Sie *Speichern* aus dem Menü *Datei* oder die Schaltfläche *Speichern* in der Symbolleiste. Wenn Sie den Text das erste Mal speichern, zeigt Word ein Dateiauswahl-Dialogfeld an, das folgende Einstellungen erlaubt:

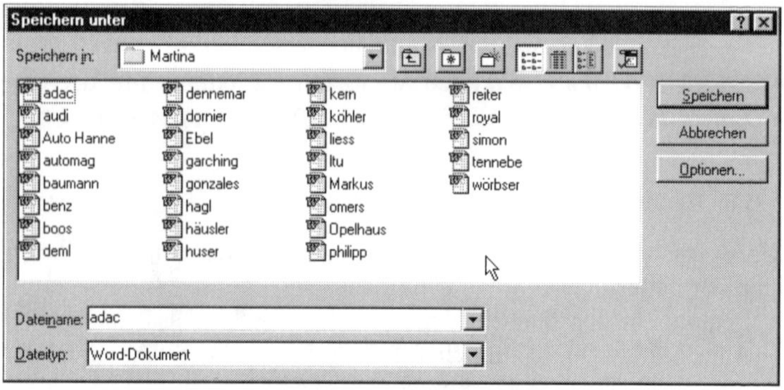

Abb. 1.9: Text speichern

- In der Liste *Speichern in* läßt sich der Ordner auswählen, der in der Liste angezeigt wird und in dem das Dokument gespeichert werden soll. Über diese Liste können alle Ordner des Windows-Explorers lokal und im Netzwerk ausgewählt werden.
- Die Schaltfläche zeigt den dem aktuellen Ordner übergeordneten Ordner an.
- Die Schaltfläche zeigt den Inhalt des Ordners \Windows\Favoriten an, der von den Office-Anwendungen zur Speicherung von Verknüpfungen häufig benötigter Ordner und Dokumente verwendet wird.
- Die Schaltfläche erstellt einen neuen Ordner im aktuell angezeigten Ordner.
- Die Liste darunter zeigt alle Dokumente und Ordner im aktuellen Ordner an. Um den Inhalt eines untergeordneten Ordners anzuzeigen, doppelklicken Sie auf sein Symbol. Durch Anklicken eines Dokumentes oder eines Ordners mit der rechten Maustaste zeigen Sie sein Kontextmenü an, in dem Sie die übliche Funktionen wie Kopieren, Auschneiden, Löschen und Umbenennen finden und auch das Eigenschaftsfenster öffnen können.
- Unter *Dateiname* können Sie direkt Pfad und Dateiname eines Textes angeben. Die standardmäßige Erweiterung lautet .DOC.
- *Dateityp* legt den Typ der Datei fest. Normalerweise speichern Sie ihre Texte als *Word-Dokument*. Alternativ stehen Formate anderer Textverarbeitungen zur Verfügung.

Wenn Sie einen Text unter einem neuen Namen speichern wollen, wählen Sie *Speichern unter* im Menü *Datei*. Word zeigt dann immer das Dateiauswahl-Dialogfeld an, in dem Sie dem Text einen neuen Dateinamen geben können. Für weitere Speichervorgänge gilt dann dieser neue Dateiname.
Haben Sie Änderungen an einer Datei vorgenommen, die bereits einen Dateinamen besitzt, führt der Aufruf von *Speichern* zum sofortigen Speichervorgang dieser Datei unter dem gewählten Namen ohne Anzeige des Dialogfelds.

Hinweis:
Word schlägt standardmäßig das Word-Installationsverzeichnis (z.B. C:\MSOFFICE\WINWORD) zum Speichern Ihrer Texte vor. Sie sollten aber nach Möglichkeit ein anderes Verzeichnis wählen, um Ihre Texte mit den Word-Programmdateien nicht durcheinander zu bringen. Im *Optionen*-Dialogfeld (*Extras/ Optionen*) finden Sie auf der Registrierkarte *Dateiablage* die Einstellung *Dokumente*, über die Sie den Standardpfad für das Speichern Ihrer Texte festlegen.

1.7.2 Text laden

Abb. 1.10: Das Öffnen-Dialogfenster von Word

Das *Öffnen*-Dialogfeld von Word 7.0 entspricht in seiner Funktionsweise weitgehend dem *Speichern*-Dialogfeld. Darüber hinaus ist hier die Suchfunktion integriert, die in Word 6.0 im Datei-Manager verfügbar war.
Über die Symbolleiste lassen sich unterschiedliche Anzeigemodi für die Dokumentliste festlegen. Nützlich ist vor allem die Eigenschaften-Ansicht (Symbol) und die Vorschau (Symbol).
Die folgenden Eingabefelder und Listen dienen dem Suchen von Dokumenten:

- Unter *Dateiname* geben Sie den Namen des gesuchten Dokuments ein. Dabei reicht eine Zeichenfolge, die im Dokumentnamen enthalten ist, aus.
- Unter *Dateityp* legen Sie fest, welche Art von Dokumenten Sie finden wollen.
- Das Eingabefeld *Text oder Eigenschaft* erlaubt die Angabe von Zeichenfolgen, die innerhalb des Textes oder der Eigenschaften des Textes enthalten sind.
- *Zuletzt geändert* schränkt die Suche auf Dokumente ein, die innerhalb eines bestimmten Zeitraums geändert wurden.

Sobald Sie eine Einstellung geändert haben, startet Word im Hintergrund den Suchvorgang . Um neue Suchkriterien einzugeben, können Sie die vorhandenen Kriterien über die Schaltfläche *Neue Suche* entfernen.
Sollen alle dem aktuell angezeigten Ordner untergeordneten Ordner ebenfalls durchgesucht werden, so klicken Sie auf das Symbol und wählen im daraufhin angezeigten Funktions-Menü *Unterordner durchsuchen*.
Mit der Schaltfläche *Weitere* wird ein Dialogfeld angezeigt, in dem sich komplexe Suchabfragen erstellen und unter einem Namen abspeichern lassen. Diese Suchfolgen starten Sie dann über die Auswahl *Gespeicherte Suchläufe* im Funktionsmenü.

1.7.3 Mit Textfenstern arbeiten

Word ermöglicht es, mehrere, gleichzeitig geladene Texte in unterschiedlichen Textfenstern zu bearbeiten. Diese Textfenster lassen sich wie jedes Windows-Fenster bewegen und in der Größe verändern. Sie können auch den gleichen Text in mehreren Textfenstern darstellen. Über das Menü können Sie folgende Funktionen ausführen:

Menü-Auswahl	Funktion
Datei/Schließen	schließt das aktuelle Textfenster. Ist der Text darin noch nicht gesichert, so können Sie dies nach einer Rückfrage von Word nachholen.
Fenster/Neues Fenster	öffnet ein neues Textfenster, das denselben Text wie das aktuelle Textfenster anzeigt.
Fenster/Alle Anordnen	ordnet alle Textfenster auf dem Bildschirm an.
Fenster/Teilen	teilt das aktuelle Textfenster horizontal, so daß Sie zwei unterschiedliche Textstellen darin anzeigen können. Die Trennlinie können Sie mit der Maus festlegen.

1.7.4 Neuen Text anlegen

Mit der Auswahl von *Neu* im Menü *Datei* öffnen Sie ein neues, leeres Textfenster. Word öffnet das Neu-Dialogfeld, das im Gegensatz zu dem in Abschnitt 1.1.2 gezeigten Dialogfeld nur Word-Dokumentvorlagen enthält. Weitere Informationen zu Dokumentvorlagen finden Sie in Abschnitt 2.4.
In der Liste der Dokumentvorlagen befinden sich auch mehrere Assistenten, mit denen Sie Dokumente für bestimmte Aufgaben erstellen können. Word führt Sie nach dem Klicken auf *OK* durch eine Reihe von Dialogfeldern, in denen Sie das Aussehen des Textes bestimmen können.

2. Erscheinungsbild eines Textes ändern

Das folgende Kapitel zeigt, wie Sie durch Formatierung das Erscheinungsbild eines Textes bezüglich Schrift und Anordnung auf dem Papier ändern. Sie lernen Möglichkeiten kennen, wie sie Ihren Texten mit Hilfe von Format- und Dokumentvorlagen ein einheitliches Äußeres geben.
Word unterstützt zwei Konzepte der Formatierung:

- Direkte Formatierung
- Formatierung über Formatvorlagen

In den meisten Fällen empfiehlt sich die Verwendung von Formatvorlagen.

2.1 Direkte Zeichenformatierung

Unter einem Zeichenformat versteht man alle Attribute, die das Aussehen der Buchstaben, Zahlen und Zeichen beeinflussen. In Word kann theoretisch jedes einzelne Zeichen ein eigenes Zeichenformat besitzen.

2.1.1 Zeichenformatierung über das Menü

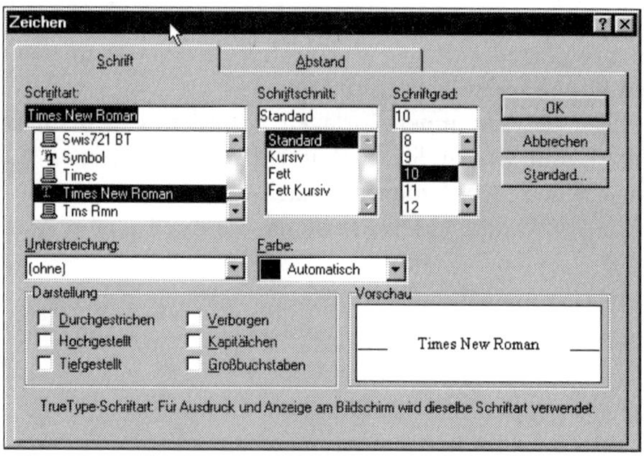

Abb. 2.1: Die Zeichenformatierung

Um das Zeichenformat zu ändern, müssen Sie zunächst den zu formatierenden Text markieren. Wählen Sie dann den Befehl *Zeichen* aus dem Menü *Format*, um das *Zeichen*-Dialogfeld (siehe Abb. 2.1) zu öffnen, das folgende Einstellungen erlaubt:

- Auf der Registrierkarte *Schrift* lassen sich Schriftart, Schriftgrad (Schriftgröße), Farbe und diverse Schriftstile festlegen. Im einzeiligen Listenfeld *Unterstreichung* können Sie zwischen 4 verschiedenen Unterstreichungssorten wählen.
- Auf der Registrierkarte *Abstand* können Sie den horizontalen Abstand der Zeichen zueinander (*Laufweite*), z.B. für gesperrten Text, und den vertikalen Abstand zur Schriftline (*Position*) bestimmen. Die einzeiligen Listenfelder enthalten jeweils 3 vorgegebene Werte, die in den Eingabefeldern angepaßt werden können. Mit *Unterschneidung* wird die automatische Unterschneidung (Kerning) eingeschaltet.

Klicken Sie dann auf *OK*, um die eingestellte Formatierung der markierten Textstelle zuzuweisen.
Die Schaltfläche *Standard* macht die gewählten Einstellungen zur Standardeinstellung für den aktuellen Text bzw. die aktuelle Dokumentvorlage (siehe Abschn. 2.3).

2.1.2 Zeichenformatierung über die Tastatur

Sie können das Zeichenformat auch über folgende Tastenkombinationen ändern:

Format	**Tastenkombination**
Fettdruck	[Strg]+[Umschalt]+[F]
Kursivdruck	[Strg]+[Umschalt]+[K]
Unterstreichung	[Strg]+[Umschalt]+[U]
Wortweise Unterstreichung	[Strg]+[Umschalt]+[W]
Doppelte Unterstreichung	[Strg]+[Umschalt]+[D]
Tiefstellung	[Strg]+[7]
Hochstellung	[Strg]+[&]
Kapitälchen	[Strg]+[Umschalt]+[Q]

Format	**Tastenkombination**
Verborgener (unsichtbarer) Text	[Strg]+[Umschalt]+[H]
Schriftart *Symbol* für das nächste Zeichen	[Strg]+[Umschalt]+[B]
Nächstgrößerer Schriftgrad	[Strg]+[Umschalt]+[<]
Nächstkleinerer Schriftgrad	[Strg]+[<]
Schriftgrad um einen Punkt größer	[Strg]+[9]
Schriftgrad um einen Punkt kleiner	[Strg]+[8]

2.2 Direkte Absatzformatierung

Das Absatzformat bestimmt das Erscheinungsbild eines Absatzes auf dem Papier. Dabei kann jedem Absatz ein eigenes Absatzformat zugewiesen werden.

2.2.1 Absatzformatierung über das Lineal

Abb. 2.2: Die Absatzformatierung über das Lineal

Sie verändern die Absatzränder am schnellsten durch Ziehen der entsprechenden Marken auf dem Lineal (siehe Abb. 2.2). Eine Hilfslinie verdeutlicht dabei die Auswirkungen auf den Text.
Die Ausrichtung des Absatzes kann über die Formatierungs-Symbolleiste (Abschnitt 1.6.2) geändert werden.
Die Formatierung wirkt sich dabei nur auf den Absatz aus, in dem sich die Einfügemarke befindet. Wenn Sie mehrere Absätze gleichzeitig formatieren wollen, müssen Sie diese markieren.

Hinweis:
Wenn Sie eine Einrückung ihres gesamten Textes benötigen, sollten Sie wie in Abschnitt 5.2.1 beschrieben die Seitenränder verändern. Verwenden Sie die Absatzeinrückung nur, wenn Sie einzelne Abätze, z.B. Zitate, einrücken wollen.

2.2.2 Absatzformatierung über das Menü

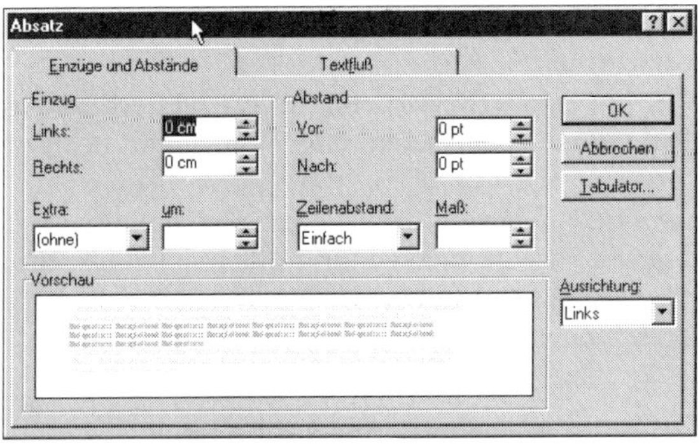

Abb. 2.3: Absatzformatierung

Um das Absatzformat zu ändern, setzen Sie die Einfügemarke an eine beliebige Stelle im zu formatierenden Absatz. Wenn Sie mehrere Absätze gleichzeitig formatieren wollen, markieren Sie einen Textblock, der über alle zu formatierenden Absätze geht. Wählen Sie den Befehl *Absatz* aus dem Menü *Format*. Im daraufhin erscheinenden *Absatz*-Dialogfeld (siehe Abb. 2.3) können Sie die im folgenden beschrieben Einstellungen vornehmen:

- *Einzüge (*Registrierkarte *Einzüge und Abstände*) bestimmt den Abstand der Textzeilen vom linken und rechten Seitenrand. *Extra* bestimmt, ob die erste Zeile (*Erste Zeile*) oder der restliche Absatz (*Hängend*) um den angegebenen Abstand nach rechts gerückt werden soll.
- *Abstände (*Registrierkarte *Einzüge und Abstände*) bestimmt, ob vor oder nach dem Absatz ein zusätzlicher, vertikaler Abstand gelassen werden soll. *Zeilenabstände* legt den Abstand zwischen den Zeilen des Absatzes fest. *Mehrfach*, *Genau* und *Mindestens* erfordern die Angabe eines Maßes für den Zeilenabstand.
- *Ausrichtung (*Registrierkarte *Einzüge und Abstände*) legt die Bündigkeit (*Links*, *Rechts*, *Zentriert*, *Blocksatz*) fest.
- *Absatzkontrolle* (Registrierkarte *Textfluß*) verhindert, daß einzelne Zeilen eines Absatzes oben oder unten (sog. Schusterjungen und Hurenkinder) auf einer Seite erscheinen.

- *Absätze nicht trennen* (Registrierkarte *Textfluß*) bestimmt, daß ein Absatz zusammen mit dem folgenden immer auf einer Seite bzw. in einer Spalte erscheint. Diese Einstellung empfiehlt sich für Überschriften.
- *Zeilen nicht trennen* (Registrierkarte *Textfluß*) verhindert, daß der Absatz durch einen Seiten- oder Spaltenumbruch getrennt wird.
- *Seitenumbruch oberhalb* forciert einen Seitenumbruch oberhalb des Absatzes. Dies ist nützlich für große Kapitelüberschriften.

Klicken Sie auf *OK*, um die eingestellte Formatierung den markierten Absätzen zuzuweisen.

2.2.3 Absatzformatierung über die Tastatur

Mit folgenden Tastenkombinationen kann das Absatzformat ebenfalls verändert werden:

Format	Tastenkombination
Linksbündiger Absatz	Strg + L
Zentrierter Absatz	Strg + E
Rechtsbündiger Absatz	Strg + R
Blocksatz	Strg + B
Einzug vom linken Rand um 1,25cm vergrößern	Strg + M
Einzug vom linken Rand um 1,25cm verkleinern	Strg + Umschalt + M
Absatz ab der zweiten Zeile um 1,25cm nach rechts verschieben	Strg + T
Absatz ab der zweiten Zeile um 1,25cm nach links verschieben	Strg + Umschalt + T
Einfacher Zeilenabstand	Strg + 1
1,5-facher Zeilenabstand	Strg + 5
2-facher Zeilenabstand	Strg + 2

Format	Tastenkombination
12 Punkte Abstand vor dem Absatz hinzufügen	[Strg]+[0]

2.3 Formatvorlagen

Eine Formatvorlage speichert einen Satz von Formatierungsinformationen unter einer Bezeichnung. Word unterscheidet die beiden folgenden Typen von Formatvorlagen:

- Zeichenformatvorlagen speichern das Zeichenformat sowie die Spracheinstellungen.
- Absatzformatvorlagen umfassen alle Formatierungen, die einem Absatz zugewiesen werden können. Im einzelnen sind dies:
  - Absatzformat
  - Zeichenformat
  - Tabulator-Einstellungen
  - Rahmen und Schattierungen
  - Sprach-Einstellungen
  - Positionsrahmen-Einstellungen
  - Einstellungen für Numerierung und Aufzählung

Wenn einem Absatz eine Absatzformatvorlage zugeordnet wird, so nimmt dieser Absatz die in der Formatierung eingestellten Merkmale an. Sie können einzelne Textstellen innerhalb des Absatzes durch direkte Formatierung oder durch Zeichenformatvorlagen weiter verändern.

Wenn Sie die Definition der Formatvorlage ändern, so werden alle Absätze bzw. Textstellen, die mit dieser Formatvorlage formatiert wurden, entsprechend modifiziert.

Hinweis:

Formatvorlagen werden in früheren Versionen von Word als Druckformate bezeichnet. Andere Textverarbeitungen verwenden den Begriff *Style*. Eine *Druckformatvorlage* in Word für DOS entspricht dabei einer Dokumentvorlage (nicht einer Formatvorlage) in Word für Windows.

2.3.1 Formatvorlagen anlegen

2.3.1.1 Formatvorlage über den Text anlegen

1. Formatieren Sie einen Absatz mit direkter Formatierung.
2. Klicken Sie in das einzeilige Listenfeld mit den Formatvorlagen und geben Sie einen neuen Namen ein.
3. Drücken Sie ↵.

2.3.1.2 Formatvorlage über das Menü anlegen

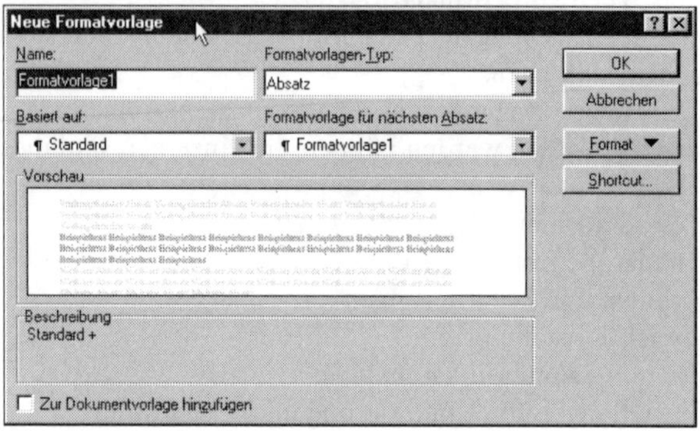

Abb. 2.4: Formatvorlagen anlegen

1. Wählen Sie *Formatvorlage* aus dem Menü *Format*.
2. Klicken Sie auf *Neu*.
3. Geben Sie der Formatvorlage unter *Name* einen Namen und wählen Sie unter *Formatvorlagen-Typ*, ob Sie eine Absatzformatvorlage (*Absatz*) oder eine Zeichenformatvorlage (*Zeichen*) erstellen wollen.
4. Klicken Sie auf *Format*, um ein Menü zu erhalten, in dem Sie die verschiedenen Dialogfelder zur direkten Formatierung erreichen können.
5. Mit *OK* ist die neue Formatvorlage angelegt.

Wenn Sie *zur Dokumentvorlage hinzufügen* markieren, wird die neue Formatvorlage automatisch der verbundenen Dokumentvorlage hinzugefügt.

2.3.2 Vordefinierte Formatvorlagen

Bevor Sie eigene Formatvorlagen anlegen, sollten Sie die vordefinierten Formatvorlagen von Word überprüfen. Für viele Formatierungsaufgaben bietet Word solche vordefinierten Formatvorlagen an, die bestimmten Textteilen automatisch zugewiesen werden.
Die wichtigste vordefinierte Absatzformatvorlage ist *Standard.* Die dafür getroffenen Einstellungen wirken sich auf alle anderen Formatvorlagen aus. Deshalb sollten Sie als erstes *Standard* ihren Wünschen gemäß verändern.
Bevor Sie eine neue Formatvorlage erstellen, sollten Sie versuchen, eine geeignete vordefinierte Formatvorlage zu verwenden und ggf. entsprechend anzupassen.
Die vordefinierten Formatvorlagen finden Sie im Formatvorlagen-Dialogfeld (*Format/Formatvorlage*), wenn Sie im einzeiligen Listenfeld *Anzeigen* die Option *Alle Formatvorlagen* auswählen.

2.3.2.1 Vordefinierte Absatzformatvorlagen

Word verwendet die vordefinierten Absatzformatvorlagen für die AutoFormat-Funktion und für automatisch generierte Textteile wie Verzeichnisse und Fußnoten. Die folgende Tabelle führt die wichtigsten vordefinierten Formatvorlagen auf.

Formatvorlage	**Funktion**
Abbildungsverzeichnis	Formatierung von automatisch erstellten Abbildungsverzeichnissen (*Einfügen/Index und Verzeichnisse*)
Anmerkungstext	Formatierung von Anmerkungen (*Einfügen/Anmerkung*)
Aufzählungszeichen bis *Aufzählungzeichen 5*	Absatzformatierung der 5 Aufzählungsebenen (siehe Kapitel 3.6)
Beschriftung	Formatierung von Bild- und Tabellenbeschriftungen (*Einfügen/Anmerkung*)
Endnotentext	Formatierung von Endnoten (*Einfügen/Fußnote*)

Formatvorlage	Funktion
Fußzeile	Formatierung der Fußzeilen (*Ansicht/ Kopf- und Fußzeile*)
Fußnotentext	Formatierung von Fußnoten (*Einfügen/ Fußnote*)
Index 1 bis *Index 9*	Formatierung von bis zu 9 Ebenen eines automatisch erstellten Indexes (*Einfügen/ Index und Verzeichnisse*)
Inhaltsverzeichnis 1 bis *Inhaltsverzeichnis 9*	Formatierung von bis zu 9 Ebenen eines automatisch erstellten Inhaltsverzeichnisses (*Einfügen/Index und Verzeichnisse*)
Kopfzeile	Formatierung der Kopfzeilen (*Ansicht/ Kopf- und Fußzeile*)
Makrotext	Formatierung der Makrotexte (*Extras/ Makro*)
Überschrift 1 bis *Überschrift 9*	Formatierung von bis zu 9 Überschriftenebenen

Hinweis:
Wenn Sie in ihrem Text Kapitelüberschriften in mehreren Ebenen verwenden, sollten Sie auf jeden Fall die Formate *Überschrift 1* bis *Überschrift 9* verwenden, da Sie so direkt Gliederungs- und Numerierungsfunktionen verwenden und Inhaltsverzeichnisse automatisch erstellen können.

2.3.2.2 Vordefinierte Zeichenformatvorlagen

Formatvorlage	Funktion
Anmerkungszeichen	Zeichenformatierung der Initialen der Person, die eine Anmerkung eingefügt hat (*Einfügen/ Anmerkung*)
Endnotenzeichen	Zeichenformatierung des im Text erscheinenden Endnotenzeichens (*Einfügen/Fußnote*)

Formatvorlage	Funktion
Fußnotenzeichen	Zeichenformatierung des im Text erscheinenden Fußnotenzeichens (*Einfügen/Fußnote*)
Seitenzahl	Zeichenformatierung der automatisch eingefügten Seitenzahl (*Einfügen/Seitenzahl*)
Absatz-Standardschriftart	Zeichenformatierung der jeweils aktuell gültigen Absatzformatvorlage
Zeilennummer	Zeichenformatierung der automatisch eingefügten Zeilennummer (*Datei/Seite einrichten*)

2.3.3 Automatische Formatierung

Word ist in der Lage, einen weitgehend unformatierten Text durch die AutoFormat-Funktion automatisch zu formatieren. Dabei versucht Word die vordefinierten Formatvorlagen den Absätzen anhand bestimmter Kriterien zuzuweisen. Je weiter der Text dabei bereits formatiert ist, desto bessere Ergebnisse werden erzielt.

Die AutoFormat-Funktion durchsucht den Text zudem nach bestimmten Zeichen, wie z.B. Leerzeichen und Tabstops, und ersetzt die vorherige Textgestaltung durch die entsprechenden Absatzformate. Von der AutoFormat-Funktion werden nur Absätze betroffen, die mit den Formatvorlagen *Standard* und *Textkörper* formatiert sind.

Sie starten die AutoFormat-Funktion durch *AutoFormat* aus dem Menü *Format*. Wenn Word Ihren Text analysiert hat, erscheint ein Dialogfeld mit folgenden Auswahlen:

- *Alle annehmen* übernimmt alle durch AutoFormat vorgenommenen Änderungen.
- *Alle ablehnen* macht alle Änderungen rückgängig.
- *Änderungen überprüfen* öffnet ein weiteres Dialogfeld, in dem Sie die Änderungen einzeln überprüfen und annehmen bzw. ablehnen können. Dabei werden die Änderungen im Text folgendermaßen verdeutlicht:
  - Ein Absatz, dessen Formatvorlage verändert wurde, wird durch eine blaue Absatzmarke gekennzeichnet.
  - Eine gelöschte Absatzmarke wird rot angezeigt.

  - Gelöschte Zeichen werden rot durchgestrichen.
  - Hinzugefügte Zeichen werden blau unterstrichen.
- *Formatvorlagen-Katalog* öffnet ein Dialogfeld, mit dem Sie die Formatvorlagen aus einer Dokumentvorlage in Ihren Text übernehmen können (siehe Abschnitt 2.3).

2.3.4 Formatvorlage zuweisen

2.3.4.1 Formatvorlage über Formatierungs-Symbolleiste zuweisen

1. Setzen Sie die Einfügemarke in den gewünschten Absatz oder markieren Sie mehrere Absätze. Für Zeichenformatvorlagen markieren Sie die zu formatierende Textstelle.
2. Wählen Sie im einzeiligen Listenfeld die gewünschte Formatvorlage. Absatzformatvorlagen sind in der Liste mit einem Absatzendesymbol (¶) gekennzeichnet.

2.3.4.2 Formatvorlage über Menü zuweisen

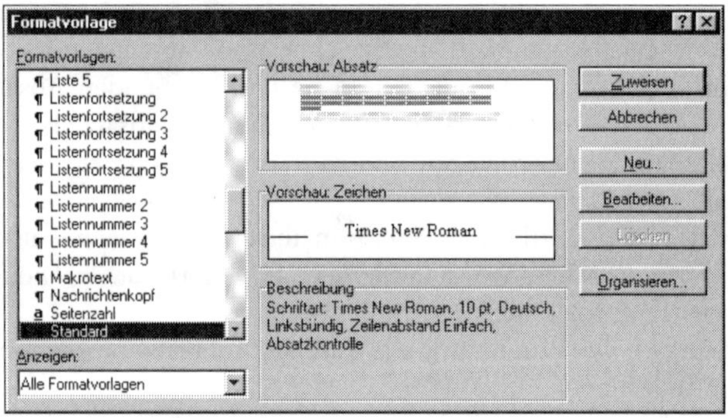

Abb. 2.5: Formatvorlagen

1. Wählen Sie *Formatvorlage* aus dem Menü *Format*. Das *Formatvorlage*-Dialogfeld (siehe Abb. 2.5) wird angezeigt.
2. Falls die gewünschte Formatvorlage nicht angezeigt wird, müssen Sie unter *Anzeigen* eine andere Einstellung wählen.
3. Markieren Sie die gewünschte Formatvorlage in der Liste. Wiederum werden Absatzformatvorlagen fett angezeigt.

4. Klicken Sie auf *Zuweisen* oder doppelklicken Sie auf die gewünschte Formatvorlage.

2.3.5 Shortcuts für Formatvorlagen

Einer Formatvorlage läßt sich ein Shortcut (Tastenkombination) zuweisen, durch die sie auf Text angewendet wird. Gehen Sie dazu folgendermaßen vor:

1. Wählen Sie *Formatvorlage* aus dem Menü *Format*.
2. Falls die gewünschte Formatvorlage nicht angezeigt wird, müssen Sie unter *Anzeigen* eine andere Einstellung wählen.
3. Markieren Sie die gewünschte Formatvorlage in der Liste.
4. Klicken Sie auf *Bearbeiten*.
5. Klicken Sie auf *Shortcuts*.
6. Wählen Sie im einzeiligen Listenfeld *Speichern in* die Dokumentvorlage (siehe Abschnitt 2.6) aus, in der Sie den Shortcut speichern wollen. Wenn Sie den Schortcut in NORMAL.DOT speichern, steht er allen Dokumenten zu Verfügung.
7. Klicken Sie auf das Eingabefeld *Neuen Shortcut wählen*.
8. Drücken Sie die gewünschte Tastenkombination. Unter dem Eingabefeld wird die aktuelle Belegung der Tastenkombination gezeigt.
9. Klicken Sie auf *Zuordnen*, um die Tastenkombination zu speichern.

Sie können einer Formatvorlage auch mehrere Shortcuts zuweisen.

2.3.6 Formatvorlagen verändern

2.3.6.1 Formatvorlage am Text ändern

Absatzformatvorlagen lassen sich sehr einfach am Text umdefinieren. Gehen Sie dazu folgendermaßen vor:

1. Formatieren Sie einen Absatz oder eine Textstelle mit der zu ändernden Formatvorlage.
2. Ändern Sie das Format dieses Absatzes oder dieser Textstelle mit direkter Formatierung so, wie die Formatvorlage dann gestaltet sein soll.
3. Stellen Sie die Einfügemarke in den formatierten Absatz oder

markieren Sie die formatierte Textstelle.
4. Klicken Sie in das einzeilige Listenfeld mit den Formatvorlagen.
5. Drücken Sie [↵].
6. Bestätigen Sie die folgende Meldung mit *OK*.

Zeichenformatvorlagen können ausschließlich über das Menü verändert werden.

2.3.6.2 Formatvorlage über das Menü ändern

1. Wählen Sie *Formatvorlage* aus dem Menü *Format*.
2. Falls die gewünschte Formatvorlage nicht angezeigt wird, müssen Sie unter *Anzeigen* eine andere Einstellung wählen.
3. Markieren Sie die gewünschte Formatvorlage in der Liste.
4. Klicken Sie auf *Bearbeiten*.
5. Klicken Sie auf *Format*, um ein Menü zu erhalten, in dem Sie die verschiedenen Dialogfelder zur direkten Formatierung erreichen können.
6. Mit *OK* bestätigen Sie die Änderung der Formatvorlage.

2.3.7 Spezielle Eigenschaften von Formatvorlagen

2.3.7.1 Hierarchische Anordnung von Formatvorlagen

Word organisiert Formatvorlagen hierarchisch. Bei der Anlage einer neuen Formatvorlage über das Menü kann im Dialogfeld unter *Basiert auf* eine bereits vorhandene Basis-Formatvorlage gewählt werden. Word speichert dann nur die Format-Veränderungen der neuen Formatvorlage gegenüber der Basis-Formatvorlage.

Wird eine Formatvorlage verändert, so ändern sich alle darauf basierenden Formatvorlagen ebenfalls. Als unterste Basis aller Formatvorlagen sollte *Standard* gewählt werden.

Standard kann z.B. Times New Roman, 12 Punkt als Schriftart des gesamten Textes enthalten. Eine darauf basierende Formatvorlage für Kapitelüberschriften wollen Sie beispielsweise fett und in 16 Punkt haben. Wenn Sie sich nun entschließen, den Text in Arial zu drucken, brauchen Sie nur *Standard* auf Arial umzudefinieren. Alle Kapitelüberschriften werden dann ebenfalls in Arial gedruckt.

2.3.7.2 Abfolgen von Formatvorlagen

Beim Schreiben kann es hilfreich sein, eine Abfolge von Formatvorlagen zu definieren. Im Dialogfeld für das Bearbeiten und Anlegen von Formatvorlagen können Sie unter *Formatvorlage für den nächsten Absatz* eine vorhandene Formatvorlage wählen. Beenden Sie den Absatz durch [↵], wechselt Word automatisch zu dieser Formatvorlage. Damit können Sie Word z.B. dazu veranlassen, nach einer Kapitelüberschrift automatisch zum Standarddruckformat zu wechseln.

2.4 Dokumentvorlagen

Dokumentvorlagen sind Word-Texte, aus denen andere Word-Texte durch Kopieren entstehen. Eine Dokumentvorlage kann beliebigen Text und beliebige Formatvorlagen enthalten, die beim Anlegen eines neuen Textes (Abschnitt 1.7.4) kopiert werden. Weiterhin speichern Dokumentvorlagen AutoText, Makros, Symbolleisten, sowie Menü- und Tastatureinstellungen. Als Erkennungszeichen tragen die Dokumentvorlagen die Dateinamenserweiterung .DOT für *Document Template*.

Wenn Sie z.B. einen Brief ohne Inhalt mit Briefkopf, Absender und Fußzeile als Dokumentvorlage speichern, können Sie diese beim Anlegen eines Textes als Vorlage wählen und erhalten somit einen neuen, leeren Brief.

Die Dokumentvorlage *Leeres Dokument* (Dateiname NORMAL.DOT) spielt eine besondere Rolle, da sie allen Texten und Dokumentvorlagen als Grundlage dient. Sie sollten dort nur Änderungen vornehmen, die wirklich grundsätzlich für alle Ihre Texte gelten sollten. Des weiteren sind AutoText, Makros, Menü- und Tastatureinstellungen aus NORMAL.DOT immer verfügbar.

> **Hinweis:**
> Word-Texte ändern sich nicht automatisch mit den Dokumentvorlagen, die ihnen zugrundeliegen. Die Änderung einer Formatvorlage in der Dokumentvorlage hat also keine Auswirkungen auf die Texte, die über diese Dokumentvorlage erstellt wurden. Die Übernahme der Änderungen muß explizit geschehen.

2.4.1 Verzeichnisse für Dokumentvorlagen

Word speichert Dokumentvorlagen im Ordner *Vorlagen*, der sich im Installationsverzeichnis von Word oder Microsoft Office befindet. Vorlagen, die in Unterordnern von *Vorlagen* abgelegt sind, werden im Neu-Dialogfeld (Abschnitt 1.1.2) auf eigenen Registrierkarten angezeigt. Dadurch lassen sich Dokumentvorlagen in Word 7.0 besser organisieren.
Sie können einen anderen Ordner zum Speichern Ihrer Dokumentvorlagen verwenden, indem Sie die Einstellung *Benutzer-Vorlagen* auf der Registrierkarte *Dateiablage* im *Optionen*-Dialogfeld (*Extras/ Optionen*) ändern.
Wenn Sie Word auf einem Netzwerk installiert haben, steht Ihnen zusätzlich ein weiteres Verzeichnis für gemeinsam genutzte Dokumentvorlagen zur Verfügung. Diese Vorlagen erscheinen auf der Registrierkarte *Allgemein* des *Neu*-Dialogfelds. Dieses Verzeichnis ändern Sie, indem Sie die Einstellung *Arbeitsgruppen-Vorlagen* auf der Registrierkarte *Dateiablage* im *Optionen*-Dialogfeld ändern.

2.4.2 Dokumentvorlage zuweisen

Word-Texte werden generell auf Basis einer Druckformatvorlage (standardmäßig NORMAL.DOT) erstellt. Sie können die einem Text zugrundeliegende Dokumentvorlage jederzeit folgendermaßen wechseln:

1. Wählen Sie *Dokumentvorlagen und Add-Ins.*
2. Tragen Sie Pfad und Dateinamen unter *Dokumentvorlage* ein. Mit *Verbinden* können Sie den Dateinamen in einem Dateiauswahl-Dialogfeld wählen.
3. Markieren Sie *Formatvorlagen automatisch aktualisieren*, wenn Sie die Formatvorlagen aus der neuen Dokumentvorlage in ihren Text kopieren wollen.
4. Klicken Sie auf *OK.*

Wenn Sie nur AutoText, Makros und Menü- und Tastatureinstellungen aus anderen Dokumentvorlagen verfügbar machen wollen, gehen Sie folgendermaßen vor:

1. Wählen Sie *Dokumentvorlagen und Add-Ins.*
2. Klicken Sie auf *Hinzufügen*, und wählen Sie eine Dokumentvorlage aus dem Dateiauswahl-Dialogfeld.

Sie können beliebig viele Dokumentvorlagen verfügbar machen. Da jede Dokumentvorlage Speicher kostet, werden sie von Word beim Start zwar in der Liste im Dialogfeld *Dokumentvorlagen und Add-Ins* eingetragen, aber nicht aktiviert. Sie aktivieren eine Dokumentvorlage, indem Sie das Kontrollkästchen in der Liste ankreuzen. Mit *Entfernen* löschen Sie eine Dokumentvorlage aus der Liste.

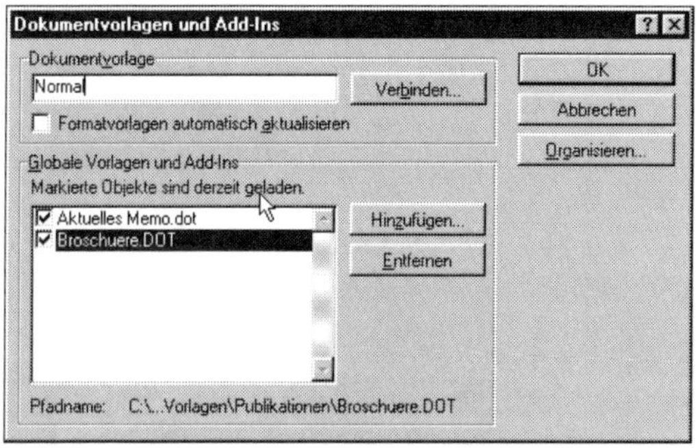

Abb. 2.6: Dokumentvorlagen zuweisen

2.4.3 Dokumentvorlagen anlegen

Im *Neu*-Dialogfeld (*Datei/Neu*) wählen Sie *Vorlage* unter *Neu erstellen* aus. Sie können die Vorlage im Textfenster wie jeden Text bearbeiten und anschließend speichern. Dabei wechselt Word automatisch in den für Dokumentvorlagen vorgesehenen Ordner.
Wenn Sie einen Text als Dokumentvorlage abspeichern wollen, wählen Sie im *Speichern*-Dialogfeld (*Datei/Speichern unter*) unter *Dateityp* die Option *Dokumentvorlage*. Word wechselt dann wiederum automatisch in den Dokumentvorlagen-Ordner.

2.4.4 Dokumentvorlagen ändern

Dokumentvorlagen ändern Sie wie normalen Text. Wählen Sie dazu *Öffnen* aus dem Menü *Datei*. Unter *Dateityp* wählen Sie *Dokumentvorlagen*. Word wechselt dann automatisch in den Ordner für Dokumentvorlagen, wo Sie eine Dokumentvorlage zum Bearbeiten auswählen.

2.4.5 Alle Formatvorlagen aus einer Dokumentvorlage übernehmen

Abb. 2.7: Formatvorlagen-Katalog

Word bietet eine einfache und komfortable Möglichkeit, Ihren Text auf Grundlage einer Dokumentvorlage umzuformatieren. Das setzt voraus, daß Sie die vordefinierten Formatvorlagen von Word verwendet haben (Abschnitt 2.3.2).

Wählen Sie dazu *Formatvorlagen-Katalog* aus dem Menü *Format*. Word zeigt Ihnen eine Liste mit allen Dokumentvorlagen sowie eine Vorschau (siehe Abb. 2.7), in der Sie die Wirkung der Umformatierung auf Ihr Dokument ansehen können. Wählen Sie

- *Dokument*, um die neue Formatierung Ihres aktuellen Textes zu sehen.
- *Beispiel*, um die Formatierung anhand eines Beispieltextes zu sehen.
- *Muster*, um die Formatierung der verschiedenen vordefinierten Formatvorlagen zu sehen.

Wenn Sie auf *OK* klicken, werden die Formatvorlagen in Ihren Text kopiert. Die Zuordnung zur Dokumentvorlage wird dabei nicht verändert. Wenn Sie diese Dokumentvorlage dem neuen Format anpassen wollen, müssen Sie dies explizit auf dem im Abschnitt 2.4.2 gezeigten Weg tun.

2.4.6 Formatvorlagen, AutoText, Symbolleisten und Makros in Dokumentvorlagen organisieren

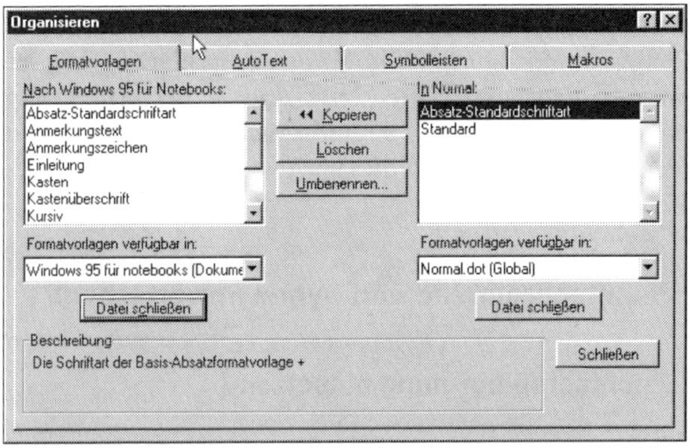

Abb. 2.8: Organisieren mit Dokumentvorlagen

Sie können Formatvorlagen, AutoText, Symbolleiste und Makros zwischen Ihrem Text und verschiedenen Dokumentvorlagen im *Organisieren*-Dialogfeld (siehe Abb. 2.8) austauschen. Dieses Dialogfeld öffnen Sie über die Schaltfläche *Organisieren*, die Sie in den Dialogfeldern, die durch *Datei/Dokumentvorlage* oder *Format/Formatvorlage* angezeigt werden, finden.

Auf den 4 Registrierkarten wählen Sie aus, ob Sie Formatvorlagen, AutoText, Symbolleisten oder Makros austauschen wollen.

Markieren Sie einen oder mehrere Einträge in einer der beiden Listen. Um mehrere Einträge zu markieren, halten Sie dabei Strg gedrückt. Wenn Sie Umschalt gedrückt halten, so werden alle Einträge zwischen dem ersten und dem zweiten angeklickten Eintrag markiert. Wählen Sie jetzt

- *Kopieren*, um die markierten Einträge in die andere Liste zu kopieren.
- *Entfernen*, um die markierten Einträge aus dem Text bzw. der Dokumentvorlage zu löschen.

In den einzeiligen Listenfeldern können Sie eine verfügbare Dokumentvorlage auswählen. Wenn Sie eine momentan nicht verfügbare Dokumentvorlage benötigen, klicken Sie auf *Datei schließen* und dann auf *Datei öffnen*.

3. Text bearbeiten

Das folgende Kapitel zeigt, welche Extras Word zur Bearbeitung Ihrer Texte zur Verfügung stellt. Von einer modernen Textverarbeitung werden Funktionen wie Orthographieüberprüfung, Synonymenlexikon, Silbentrennung, Fremdsprachenkorrektur und diverse Statistikangaben erwartet. In diesem Abschnitt erfahren Sie, wie Sie diese Funktionen anwenden.

3.1 Rechtschreibhilfe und Synonymwörterbuch

3.1.1 Rechtschreibprüfung einsetzen

Abb. 3.1: Die Rechtschreibhilfe

Word 7.0 bietet eine automatische Rechtscheibhilfe an, die den Text, während Sie schreiben, im Hintergrund auf seine orthographische Richtigkeit überprüft (Abschnitt 1.4.2). Alternativ läßt sich ein Text mit der herkömmlichen Rechtschreibhilfe überprüfen.
Bei Einsatz der automatischen Rechtscheibprüfung stoppt Word dann die Überprüfung bei jedem Wort, das falsch zu sein scheint, und bietet Korrekturvorschläge an. Es stehen Ihnen mehrere Möglichkeiten zum Eingriff in den Korrekturvorgang zur Verfügung.
Um die Rechtschreibkorrektur durchzuführen, gehen Sie folgendermaßen vor:

1. Wählen Sie den Befehl *Rechtschreibung* aus dem Menü *Extras*.
2. Im daraufhin erscheinenden Dialogfeld *Rechtschreibung* (siehe Abb. 3.1) haben Sie folgende Korrekturmöglichkeiten:

- Wählen Sie die Schaltfläche *Nicht ändern*, wenn Ihnen der Korrekturvorschlag falsch oder unsinnig erscheint.
- Wählen Sie die Schaltfläche *Ändern*, wenn Sie mit dem Korrekturvorschlag aus dem Feld *Ändern in* einverstanden sind. Sie können im Feld *Vorschläge* mit Hilfe der Pfeiltasten ein geeignetes Wort suchen oder ein anderes Wort im Eingabefeld eintragen.
- Wählen Sie die Schaltfläche *Hinzufügen*, wenn Sie das im Feld *Nicht im Wörterbuch* angezeigte Wort in das unter *Wort hinzufügen zu* angegebene Benutzerwörterbuch aufnehmen wollen.
- Wählen Sie die Schaltfläche *Nie ändern*, wenn Sie das angezeigte Wort in all Ihren Texten unverändert lassen wollen. Diese Einstellung ist dann bis zum Beenden von Word gültig.
- Wählen Sie die Schaltfläche *Immer ändern*, wenn Sie das Wort im Feld *Nicht im Wörterbuch* im ganzen Text durch das Wort im Feld *Ändern in* ersetzen wollen.
- Wählen Sie die Schaltfläche *AutoKorrektur*, um das falsch geschriebene und das korrigierte Wort der AutoKorrektur-Liste (siehe Abschnitt 3.1.2) hinzuzufügen.
- Über die Schaltfläche *Optionen* können Sie die Rechtschreibprüfung Ihren persönlichen Bedürfnissen anpassen (siehe Abschnitt 3.1.3).
- Mit der Schaltfläche *Rückgängig* können Sie beliebig viele Änderungen rückgängig machen. Sie können damit zu einem Wort zurückkehren, das Sie versehentlich nicht oder falsch korrigiert haben.

3. Wenn Sie den Korrekturvorgang unterbrechen wollen, klicken Sie auf *Abbrechen*.
4. Wenn Word mit der Überprüfung fertig ist, klicken Sie auf die Schaltfläche *OK*, um den Korrekturvorgang zu beenden.

3.1.2 AutoKorrektur festlegen

Mit der AutoKorrektur-Funktion können Sie während der Texteingabe Tipp- oder Rechtschreibfehler automatisch korrigieren lassen. Zudem lassen sich mit dieser Funktion auch falsche Satzzeichen und Groß-/Kleinschreibungsfehler richtigstellen. Die AutoKorrektur findet Tippfehler anhand einer Liste heraus und ersetzt diese durch die korrekten Formen, z.B. „sit“ wird zu „ist“. Einträge in die AutoKorrektur können über die Schaltfläche *AutoKorrektur* während der Rechtschreibprüfung oder im Dialogfeld *AutoKorrektur* (siehe Abb. 3.2) eingefügt werden. Dieses Dialogfeld rufen Sie über den Befehl *AutoKorrektur* aus dem Menü *Extras* auf.

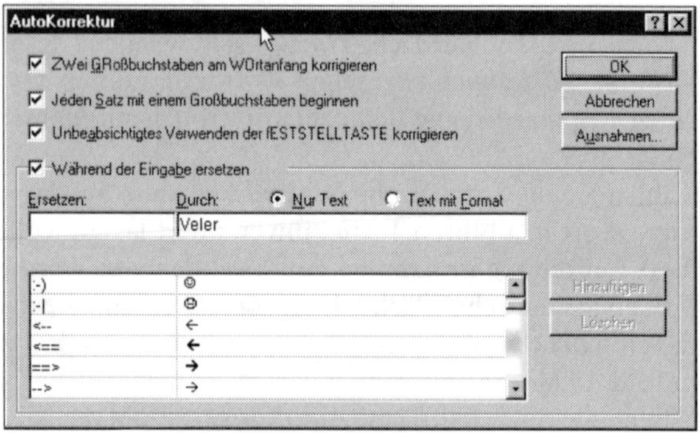

Abb. 3.2: AutoKorrektur

Die Korrektur erfolgt während der Texteingabe, nachdem Sie die Leertaste gedrückt, ein Satzzeichen oder einen Tabstop eingegeben haben. Folgendermaßen lassen Sie Ihre Schreibfehler automatisch korrigieren:

1. Wählen Sie den Befehl *AutoKorrektur* aus dem Menü *Extras*.
2. Markieren Sie das Kontrollkästchen *Während der Eingabe ersetzen*, um die AutoKorrektur-Funktion zu aktivieren.
3. Markieren Sie die gewünschten Standardeinstellungen über folgende Kontrollkästchen:
   - *ZWei GRoßbuchstaben am WOrtanfang korrigieren*: Vielleicht passiert es Ihnen auch häufig, daß Sie `Umschalt` nicht schnell genug loslassen, bevor Sie weiterschreiben. Der Effekt sind 2 Großbuchstaben am Wortanfang, die durch diese Funktion automatisch korrigiert werden. Über die Schaltfläche *Ausnahmen* läßt sich eine Liste von Wörtern angeben, die nicht korrgiert werden sollen.
   - *Jeden Satz mit einem Großbuchstaben beginnen*: Word läßt dann das erste Wort eines neuen Satzes, der von dem vorher-

gehenden durch einen Punkt getrennt wurde, mit einem Großbuchstaben beginnen. Über die Schaltfläche *Ausnahmen* läßt sich eine Liste von Wörtern (z.B. Abkürzungen) angeben, die mit einem Punkt enden, aber keinen neuen Satzanfang bedingen.

- *Unbeabsichtigtes Verwenden der fESTSTELLTASTE korrigieren*: Bei Aktivierung dieser Option werden Großbuchstaben automatisch durch kleine ersetzt, wenn am Wortanfang ein Kleinbuchstabe steht.
- *Während der Eingabe ersetzen:* Ist dieses Kästchen aktiviert, werden häufig auftretende Tippfehler gleich bei der Eingabe ersetzt. Bsp: „dsa" durch „das".
  Um der AutoKorrekturliste Wörter hinzuzufügen, tragen Sie das fehlerhafte Wort unter *Ersetzen* und das korrekte Wort unter *Durch* ein. Klicken Sie dann auf *Hinzufügen*, um das Wort aufzunehmen. Um einen Eintrag zu löschen, markieren Sie ihn durch Anklicken und wählen dann *Löschen*.

3.1.3 Rechtschreibprüfungsoptionen einstellen

Um die Rechtschreibprüfung Ihren Bedürfnissen anzupassen, wählen Sie aus dem Menü *Extras* den Befehl *Optionen* und dort die Registrierkarte *Rechtschreibung* oder klicken Sie im Rechtschreibung-Dialogfeld auf die Schaltfläche *Optionen*. Es erscheint ebenfalls die Registrierkarte *Rechtschreibung*. Dort können Sie die folgenden Einstellungen vornehmen:

- *Automatische Rechtschreibhilfe* schaltet die automatische Rechschreibhilfe ein- und aus (Abschnitt 1.4.2)
- *Rechtschreibkennzeichnung im Dokument ausblenden* verhindert die Markierung von als falsch erkannten Wörtern mit einer roten Wellenlinie. Die Markierung kann jederzeit ohne erneute Textprüfung wieder eingeblendet werden.
- *Immer vorschlagen* zeigt Änderungsvorschläge für falsch geschriebene Begriffe immer an.
- *Vorschläge nur aus Hauptwörterbuch* zeigt nur Begriffe aus dem Standardwörterbuch an.
- *Wörter in Großbuchstaben* ignoriert Wörter in Versalien.

- *Wörter mit Zahlen* ignoriert alle Begriffe, in denen Zahlen vorkommen. Diese Einstellung ist beispielsweise in mathematischen oder technischen Texten sinnvoll.
- Wenn Sie Wörter, die Sie während der Rechtschreibprüfung mit der Schaltfläche *Nie ändern* markiert haben, wieder aus der Liste streichen wollen, dann klicken Sie auf die Schaltfläche *Nie ändern-Liste löschen*.

3.1.4 Benutzerwörterbücher erstellen

Um die Rechtschreibprüfung effizienter zu gestalten, ermöglicht Word die Erstellung von persönlichen Wörterbüchern. In ein Benutzerwörterbuch werden Sie Eigennamen, Fachausdrücke, Abkürzungen oder auch Akronyme (z.B. UNO) aufnehmen. Wenn Word während der Rechtschreibprüfung ein korrekt geschriebenes Wort nicht erkennt, sollten Sie es in Ihr Benutzerwörterbuch eintragen lassen, indem Sie die Auswahl *Hinzufügen* im Menü der automatischen Rechschreibhilfe bzw. auf die Schaltfläche *Hinzufügen* im Rechtschreibung-Dialogfeld klicken.

Standardmäßig verwendet Word die Datei BENUTZER.DIC im Ordner WINDOWS\MSAPPS\PROOF als Benutzerwörterbuch. Um ein neues Wörterbuch zu erstellen, gehen Sie folgendermaßen vor:

1. Wählen Sie aus dem Menü *Extras* den Befehl *Optionen* und dort die Registrierkarte *Rechtschreibung* oder klicken Sie im Rechtschreibung-Dialogfeld auf die Schaltfläche *Optionen*.
2. Klicken Sie auf die Schaltfläche *Neu*.
3. Geben Sie dem neuen Wörterbuch einen passenden Namen. Dieses Wörterbuch speichern Sie mit der Erweiterung .DIC (steht für *dictonary*) im gewünschten Verzeichnis ab.

Wollen Sie ein Benutzerwörterbuch aus der Liste entfernen, markieren Sie es und klicken Sie auf die Schaltfläche *Entfernen*. Wenn Sie ein Benutzerwörterbuch nur vorübergehend nicht verwenden wollen, deaktivieren Sie das Kontrollkästchen.

Mit der Schaltfläche *Bearbeiten* öffnen Sie das Benutzerwörterbuch als Textdatei in Word, um eventuell fehlerhaft aufgenommene Wörter zu entfernen.

3.1.5 Ausschlußwörterbuch erstellen

In das Ausschlußwörterbuch können Sie die korrekte Schreibung eines Wortes aufnehmen, die Word ablehnen soll, und somit einer anderen Schreibvariante den Vorzug geben. Wenn Sie z.B. die englisch motivierte Schreibweise von *Cigarette* statt der üblichen *Zigarette* bevorzugen, dann nehmen Sie *Zigarette* in Ihr Ausschlußwörterbuch auf. Gehen Sie dazu folgendermaßen vor:

1. Öffnen Sie ein neues Dokument.
2. Geben sie nun alle Wörter ein, die Sie dem Ausschlußwörterbuch hinzufügen wollen. Drücken Sie nach jedem Wort [↵], damit jedes Wort in einem neuen Absatz steht.
3. Wählen Sie den Befehl *Speichern unter* aus dem Menü *Datei*. Dabei muß das Ausschlußwörterbuch mit der Erweiterung .EXC in demselben Verzeichnis wie das Standardwörterbuch gespeichert werden (\MSAPPS\PROOF).
4. Wählen Sie im Feld *Dateityp* die Auswahl *Nur Text*.
5. Im Feld *Dateiname* geben Sie einen Namen für das Ausschlußwörterbuch ein und klicken anschließend auf *OK*.

3.1.6 Fremdsprachige Texte korrigieren

Word unterstützt die Korrektur von Texten, die in verschiedenen Sprachen abgefaßt sind. Damit Word die korrekten Wörterbücher verwendet, müssen Sie die Sprache eines Textes oder einer Textstelle angeben. Word wird mit deutschen, englischen und französischen Wörterbüchern ausgeliefert.

Die Spracheinstellungen sind Teil einer Zeichenformatvorlage und einer Absatzformatvorlage. Damit können Sie z.B. fremdsprachige Zitate in Ihren Text einbetten. Wenn diese mit der korrekten Formatvorlage formatiert sind, wechselt Word automatisch das Wörterbuch.

Um die Sprache festzulegen, gehen Sie folgendermaßen vor:

1. Markieren Sie die gewünschte Textstelle.
2. Wählen Sie *Sprache* aus dem Menü *Extras*.
3. Markieren Sie die gewünschte Sprache. Wenn Sie kein Wörterbuch für diese Sprache installiert haben, macht Sie Word während der Rechtschreibprüfung durch eine Fehlermeldung darauf

aufmerksam. Wählen Sie *(Keine Überprüfung)*, damit die Rechtschreibprüfung die Textstelle ignoriert.

4. Wenn Sie den gesamten Text in der markierten Sprache verfaßt haben, klicken Sie auf *Standard*, um diese Sprache in die Formatvorlage *Standard* aufzunehmen.
5. Klicken Sie auf *OK*, um die Einstellungen festzulegen.

3.1.7 Thesaurus verwenden

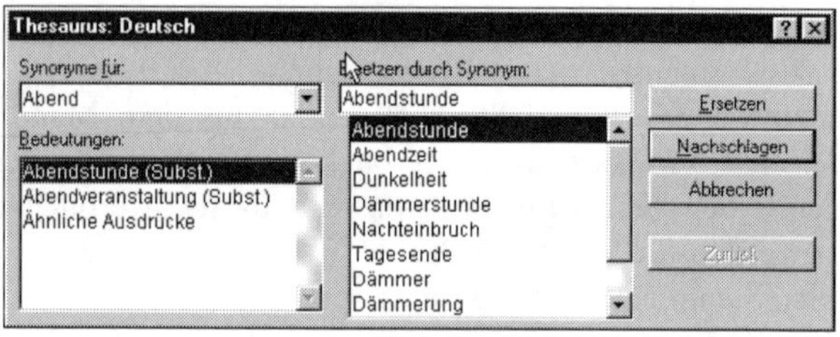

Abb. 3.3: Der Thesaurus

Mit Hilfe des Thesaurus können Sie Ihre Texte abwechslungsreicher in der Wortwahl gestalten, da Sie über dieses Synonymlexikon Wörter mit gleicher oder ähnlicher Bedeutung nachschlagen können. Dabei berücksichtigt Word die gewählten Spracheinstellungen. Folgendermaßen suchen Sie nach Synonymen:

1. Markieren Sie in Ihrem Text das Wort, für das Sie synonyme Wörter finden wollen.
2. Wählen Sie den Befehl *Thesaurus* aus dem Menü *Extras* oder drücken Sie `Umschalt` + `F7`. Daraufhin erscheint das Dialogfeld *Thesaurus* (siehe Abb. 3.3).
3. Nun stehen 3 Möglichkeiten offen, um Synonyme zu suchen.
   - Markieren Sie im Feld *Bedeutungen* die Sinnentsprechung des gewünschten Wortes. Dessen Synonyme werden dann im Feld *Ersetzen durch Synonym* angezeigt.
   - Markieren Sie ein Wort im Feld *Ersetzen durch Synonym* und klicken Sie auf die Schaltfläche *Nachschlagen*.
   - Geben Sie in dem Feld *Ersetzen durch Synonym* ein weiteres Wort ein, für das Sie einen entsprechenden Ausdruck finden wollen und klicken dann auf die Schaltfläche *Nachschlagen*.

Diese Möglichkeit ist hilfreich, wenn Sie gleich mehrere Worte nachschlagen möchten.

4. Mit der Schaltfläche *Zurück* können Sie zum vorher nachgeschlagenen Wort zurückkehren.
5. Wenn Sie ein passendes Synonym gefunden haben, und den nachgeschlagenen Ausdruck durch diesen neuen ersetzen wollen, markieren Sie das Synonym und klicken dann auf die Schaltfläche *Ersetzen*.

3.2 Silbentrennung

Wenn Sie Ihren Text im Blocksatz formatiert haben, dann sollten Sie lange Wörter trennen, um ein gleichmäßiges Aussehen des Textes zu erreichen. Die Silbentrennung verringert den Leerraum, der von Word zwischen den einzelnen Wörtern eingefügt wird, um den Blocksatz zu verwirklichen. Wenn Ihre Texte aus schmalen Textspalten bestehen, empfiehlt sich die Silbentrennung unbedingt. Es stehen Ihnen dazu 4 verschiedene Verfahren zur Verfügung.

3.2.1 Automatische Silbentrennung durchführen

Mit Hilfe der automatischen Silbentrennung werden Wörter bereits bei der Texteingabe getrennt. Sie aktivieren die automatische Silbentrennung folgendermaßen:

1. Wählen sie den Befehl *Silbentrennung* aus dem Menü *Extras*.
2. Markieren Sie das Kontrollkästchen *Automatische Silbentrennung*.
3. Im Feld *Silbentrennzone* geben Sie das Maß für den Bereich am rechten Rand ein, in dem Wörter getrennt werden sollen. Fallen Wörter in diesen Bereich und sind länger als dieser, so werden sie getrennt.
4. Geben Sie eine Zahl in das Feld *Aufeinanderfolgende Trennstriche* ein. Damit legen sie fest, wieviel aufeinanderfolgende Zeilen mit einem Trennstrich enden dürfen. So werden mehr als 3 aufeinanderfolgende Zeilen mit Trennstrich oft als unschön empfunden.
5. Klicken sie auf die Schaltfläche *OK*, um die automatische Silbentrennung zu aktivieren.

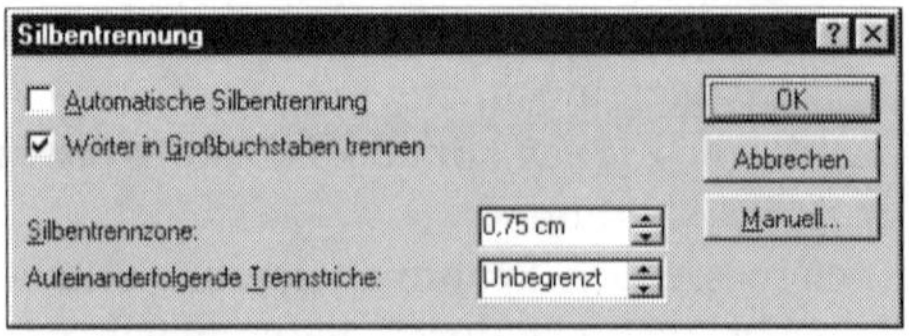

Abb. 3.4: Die automatische Silbentrennung

3.2.2 Manuelle Silbentrennung durchführen

Bei der manuellen Silbentrennung wird der gesamte Text oder eine markierte Textstelle auf zu trennende Wörter durchsucht. Sie führen die manuelle Silbentrennung folgendermaßen durch:

1. Wählen Sie den Befehl *Silbentrennung* aus dem Menü *Extras*.
2. Klicken Sie auf die Schaltfläche *Manuell*. Word beginnt nun mit der Trennprüfung und macht Ihnen Trennvorschläge, bei denen sie aus den folgenden Möglichkeiten wählen können:
   - Wenn Sie das Wort an einer anderen als an der vorgeschlagenen Stelle trennen möchten, dann klicken Sie auf die gewünschte Stelle, an der Sie das Wort trennen wollen. Eine Trennung rechts von der grauen Linie ist nicht möglich, da der erste Teil des Worts nicht mehr in die Zeile paßt.
   - Wenn sich der vorgeschlagene Trennstrich an der richtigen Stelle befindet, dann klicken Sie auf die Schaltfläche *Ja*.
   - Wenn Sie das angezeigte Wort nicht trennen wollen, klicken Sie auf die Schaltfläche *Nein*.
3. Führen Sie die manuelle Silbentrennung bis zum Ende des Textes durch oder beenden Sie die Trennung mit der Schaltfläche *Abbrechen* vorzeitig.

3.2.3 Geschützte Trennstriche einfügen

Wenn Sie verhindern wollen, daß gekoppelte Begriffe, die durch einen Bindestrich miteinander verbunden sind (z.B. Garmisch-Partenkirchen) getrennt werden, dann fügen Sie folgendermaßen einen geschützten Trennstrich anstelle des Bindestrichs ein:

1. Setzen sie die Einfügemarke an die Stelle, an der Sie einen geschützten Trennstrich einfügen wollen.

2. Drücken Sie [Strg]+[Umschalt]+[-].

3.2.4 Bedingte Trennstriche einfügen

Ein bedingter Trennstrich verschwindet, sobald er nicht mehr benötigt wird. Um den Zeilenwechsel an bestimmten Stellen zu manipulieren, gehen Sie folgendermaßen vor:

1. Setzen sie die Einfügemarke an die Stelle, an der Sie einen bedingten Trennstrich einfügen wollen.
2. Drücken Sie [Strg]+[-].

3.3 Grammatikprüfung

Im derzeitigen Lieferumfang von Word ist nur die Grammatiküberprüfung von englischsprachigen Texten möglich. Falls Sie englische Texte vorliegen haben, können Sie die Grammatikprüfung anwenden. Dabei erkennt Word Sätze, die möglicherweise Stil- oder Grammatikfehler aufweisen, und liefert dazu Verbesserungsvorschläge.

3.4 Statistiken

Sie können sich in Word die Anzahl der Seiten, Wörter, Zeichen, Absätze und Zeilen Ihres Textes oder eines markierten Abschnitts anzeigen lassen. Die Wortanzahl wird nur für den Haupttext eines Dokuments errechnet, ohne daß dabei Text in Kopf- oder Fußzeilen mitgezählt wird. Durch Aktivierung des Kontrollkästchens *Fußnoten und Endnoten berücksichtigen* im Dialogfeld *Wörter zählen* aus dem Menü *Extras* wird dieser Text in die Berechnung miteinbezogen. Die Anzahl der Zeichen in einem Text bezieht sich sowohl auf Buchstaben als auch auf Zahlen und Satzzeichen, nicht aber auf Leerzeichen.

Die Statistik ist auch unter der Registrierkarte *Statistik* im Eigenschaftendialogfeld einer Word-Dokumentdatei zu sehen.

3.5 Text suchen und ersetzen

Die Funktionen *Suchen* und *Ersetzen* bieten Ihnen die Möglichkeit, nach Text, bestimmten Formaten, Sonderzeichen, Fußnoten oder Grafiken zu suchen und diese ggf. durch andere zu ersetzen.

3.5.1 Textstellen, Formate und andere Elemente suchen und ersetzen

3.5.1.1 Textstellen suchen

1. Wählen Sie den Befehl *Suchen* aus dem Menü *Bearbeiten*.
2. Geben Sie in das Feld *Suchen nach* den Text ein, nach dem gesucht werden soll.
3. Legen Sie die Suchrichtung fest. In dem einzeiligen Listenfeld stehen *Gesamt*, *Aufwärts* und *Abwärts* zur Auswahl.
4. Markieren Sie *Groß-/Kleinschreibung beachten*, wenn Sie nur Wörter finden wollen, die in der Schreibung exakt mit dem unter *Suchen nach* festgelegten Ausdruck übereinstimmen.
5. Markieren Sie *Nur ganzes Wort vergleichen*, wenn der unter *Suchen nach* eingetragene Ausdruck links und rechts von Leerzeichen bzw. einem Satzzeichen begrenzt sein muß, um gefunden zu werden.
6. Klicken Sie auf die Schaltfläche *Weitersuchen*, so wird der Suchvorgang gestartet. Word markiert die gefundenen Textstellen in Ihrem Text. Wenn keine Textstellen mehr gefunden werden, dann wird das Dialogfeld ausgeblendet.

3.5.1.2 Textstellen ersetzen

Um bestimmte Textstellen durch andere zu ersetzen, wählen Sie den Befehl *Ersetzen* aus dem Menü *Bearbeiten*. Alternativ dazu können Sie auch aus dem *Suchen*-Dialogfeld auf die Schaltfläche *Ersetzen* klicken. Spezifizieren Sie dann die Suche und geben Sie unter *Ersetzen durch* den Ausdruck ein, der die gefundenen Wörter ersetzen soll.

Klicken Sie auf die Schaltfläche *Weitersuchen*, um den Suchvorgang zu starten. Word markiert die gefundene Textstelle in Ihrem Text. Nun stehen Ihnen folgende Ersetzungsmöglichkeiten zur Verfügung:

- Wenn der gesuchte Text geändert und nach seinem nächsten Vorkommen weitergesucht werden soll, dann wählen Sie die Schaltfläche *Ersetzen*.
- Wenn das gesamte Vorkommen des gesuchten Textes ohne weitere Bestätigungen geändert werden soll, dann wählen Sie die Schaltfläche *Alle ersetzen*.
- Wenn der Suchvorgang fortgesetzt werden soll, ohne daß der gesuchte Text ersetzt wird, dann wählen Sie die Schaltfläche *Weitersuchen*.

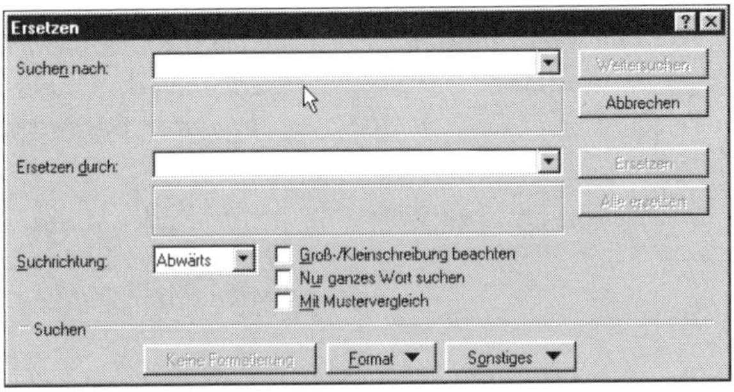

Abb. 3.5: Suchen und Ersetzen

3.5.1.3 Formate und andere Elemente suchen bzw. ersetzen

1. Rufen Sie das Suchen- bzw. das Ersetzen-Dialogfeld auf.
2. Wählen Sie die Schaltfläche *Format*. Dort wählen Sie das Format, z. B. Fett, Kursiv, nach dem Sie suchen wollen. Über die Schaltfläche *Sonstiges* können Sie Sonderzeichen, z.B. Anker oder Seitenwechselmarken, suchen und ersetzen.
3. Suchen und/oder ersetzen Sie die gewünschten Formate und Sonderzeichen wie oben beschrieben.

3.5.1.4 Komplexe Suchkriterien verwenden

Mit Operatoren und bestimmten Sonderzeichen läßt sich der Suchvorgang steuern. Markieren Sie dazu im *Suchen-* bzw. *Ersetzen-*Dialogfeld das Kontrollkästchen *Mit Mustervergleich*. Im Suchbegriff können Sie nun die folgenden Operatoren verwenden:

Operator	**Zu suchendes Element**	**Beispiel**
?	Ein einzelnes Zeichen	*?ollen* findet *rollen*, *wollen*, *Pollen* usw.
*	Eine Zeichenfolge	*s*n* findet *singen*, *sitzen*, *schwitzen*, *sehen*, *stützen* usw.
[ ]	Eines der angegebenen Zeichen	*s[aä]gt* findet *sagt* und *sägt*
<	Einen bestimmten Wortanfang	*<(ged)* findet *Gedicht*, *gedenken* usw., aber nicht *abgedankt* oder *eingedeckt*.
>	Ein bestimmtes Wortende	*>(ik)* findet *Musik*, *Kritik*, *Physik* usw., aber nicht *Mike* oder *Grafiken*.

3.5.2 Seiten oder andere Textelemente in einem Dokument auffinden

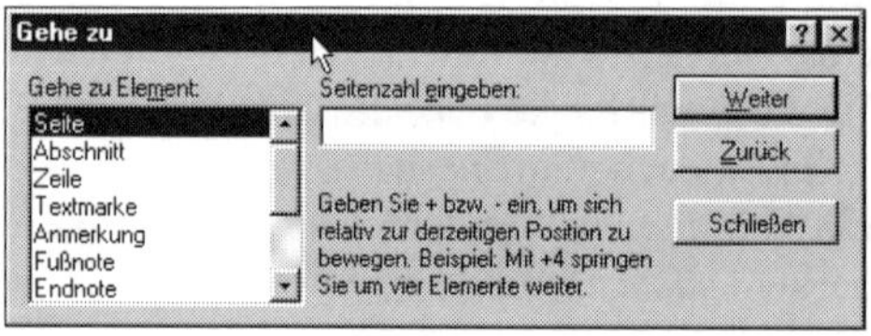

Abb. 3.6: Seiten suchen

Mit dem Befehl *Gehe zu* aus dem Menü *Bearbeiten* lassen sich in einem Text folgende Elemente erreichen:

- Anmerkungen
- Textmarken
- Gleichungen
- Felder
- Fuß-/Endnoten
- Grafiken

- Zeilen
- Objekte
- Seiten
- Abschnitte
- Tabellen

1. Wählen Sie den Befehl *Gehe zu* aus dem Menü *Bearbeiten*. Alternativ dazu können Sie [F5] drücken.
2. Markieren Sie das gewünschte Element im Feld *Gehe zu Element*.
3. Geben Sie den Namen oder die Nummer des gewünschten Elements in das Eingabefeld ein und wählen Sie *Gehe zu*. Oder lassen Sie das Eingabefeld leer und wählen statt dessen die Schaltfläche *Weiter* oder *Zurück*, um zum nächsten oder vorhergehenden Vorkommen des gewünschten Elements zu gelangen.
4. Wenn Sie das Gesuchte gefunden haben, wählen Sie die Schaltfläche *Schließen*.

3.6 Numerierungen und Aufzählungen

Numerierungen und Aufzählungen werden von Word auf Wunsch automatisch formatiert. Diese Funktion ist in Abschnitt 1.6.3 beschrieben.

3.6.1 Absätze mit Nummern oder Aufzählungszeichen versehen

Um Absätze zu numerieren oder mit einem Aufzählungszeichen zu versehen, klicken Sie auf der Symbolleiste auf die Schaltfläche *Numerierung* bzw. *Aufzählungszeichen*. Alle im folgenden eingegebenen Absätze werden dann numeriert bzw. mit einem Aufzählungszeichen versehen. Um diese Funktion auszuschalten, klicken Sie erneut auf die entsprechende Schaltfläche in der Symbolleiste.

Wenn Sie Absätze nachträglich mit einer Numerierung bzw. einem Aufzählungszeichen versehen wollen, müssen Sie die Absätze zunächst markieren und dann die gewünschte Schaltfläche aktivieren.

3.6.2 Nummern oder Aufzählungszeichen eines Textes entfernen

1. Markieren Sie die Absätze, bei denen Sie die Nummern- oder Aufzählungszeichen entfernen wollen.
2. Klicken Sie auf die aktivierte Schaltfläche für Aufzählungszeichen in der Formatierungs-Symbolleiste, um Aufzählungszeichen zu entfernen. Oder klicken Sie in der Formatierungs-Symbolleiste auf die aktivierte Schaltfläche für Numerierungen, um Nummern zu entfernen.
3. Schließen Sie das Dialogfeld.

3.6.3 Einstellungen für Numerierungen und Aufzählungszeichen

Abb. 3.7: Numerierungen und Aufzählungen

Wenn Sie statt der Schaltflächen in der Symbolleiste *Numerierung und Aufzählungen* im Menü *Format* wählen, haben Sie weitere Einstellungsmöglichkeiten. Wählen Sie eine der Registrierkarten *Aufzählungen* oder *Numerierung* und klicken Sie eines der vorgegebenen Formate an. *Hängender Einzug* legt fest, daß die zweite Zeile des Absatzes genau unterhalb der ersten beginnt. Durch *Bearbeiten* können Sie das Numerierungsformat oder das Aufzählungszeichen ändern.

Oft ist es notwendig, eine Numerierung bei einer beliebigen Zahl beginnen zu lassen. Klicken Sie dazu auf *Bearbeiten* in der Registrierkarte *Numerierung* und geben Sie die Startzahl unter *Beginnen mit* ein.

3.7 Textmarken

Textmarken werden verwendet, um bestimmte Stellen oder Elemente im Text zu kennzeichnen. Nutzen Sie die folgenden Vorteile von Textmarken:

- Schnelles Auffinden von Elementen
- Erstellung von Querverweisen auf jedes markierte Element
- Erstellung von Indexeinträgen, die bestimmte Seitenbereiche angeben
- Durchführung von Berechnungen an verschiedenen Stellen im Text, wobei das Ergebnis dann in das Dokument eingefügt wird

3.7.1 Textmarken definieren

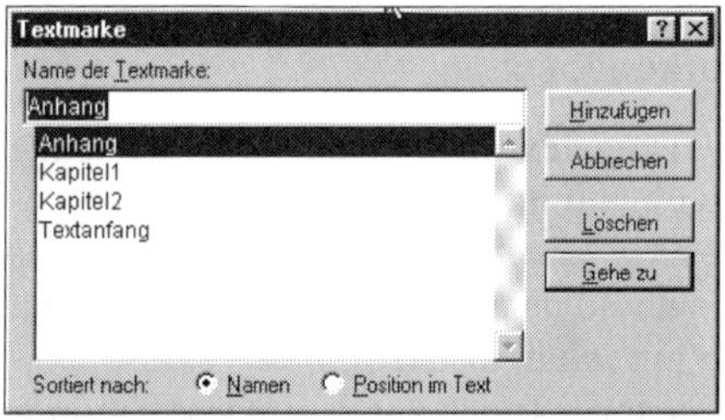

Abb. 3.8: Definition von Textmarken

1. Markieren Sie das Element oder die Textstelle, die Sie kennzeichnen wollen.
2. Wählen Sie den Befehl *Textmarke* aus dem Menü *Bearbeiten* oder drücken Sie alternativ `Strg` + `Umschalt` + `F5`.
3. Geben Sie im Feld *Name der Textmarke* einen Namen für die Textmarke ein oder wählen Sie einen aus der Liste aus.
4. Wählen Sie die Schaltfläche *Hinzufügen*.

Hinweis:
Beachten Sie, daß ein Textmarkenname immer mit einem Buchstaben beginnen muß. Auch dürfen dafür nur Buchstaben, Zahlen

oder das Unterstreichungszeichen „_“ verwendet werden. Seine Länge ist auf 40 Zeichen begrenzt und zudem darf er keine Leerzeichen enthalten.

3.7.2 Textmarken suchen

1. Wählen Sie den Befehl *Textmarke* aus dem Menü *Bearbeiten*. In dem Textmarken-Dialogfeld sind die Textmarkennamen alphabetisch aufgeführt.
2. Markieren Sie den Namen der Textmarke, die gefunden werden soll.
3. Wählen Sie die Schaltfläche *Gehe zu*. Danach springt Word zu der gewünschten Textmarke und markiert deren Inhalt. Dabei bleibt das Dialogfeld geöffnet, damit Sie ggf. weitere Textmarken suchen können.
4. Wählen Sie die Schaltfläche *Schließen*, um das Dialogfeld auszublenden.

3.7.3 Textmarken löschen

Für das Löschen von Textmarken gibt es 3 Möglichkeiten:

- Textmarken ohne Inhalt löschen:
  Im Dialogfenster *Textmarken* wählen Sie den zu löschenden Textmarkennamen und dann die Schaltfläche *Löschen*.
- Textmarken mit Inhalt löschen:
  Markieren Sie im Text den zur Textmarke gehörenden Text und drücken auf [Entf].
- Textmarken löschen und ihren Namen einem anderen Eintrag zuweisen:
  Markieren Sie den neuen Text, der der Textmarke zugewiesen werden soll. Ordnen Sie ihm den Namen der Textmarke zu, die gelöscht werden soll. Nun löscht Word die Textmarke an der alten Stelle und weist sie dem neuen Text zu.

3.8 AutoText

Wenn Sie häufig gleiche Textabschnitte oder Grafiken verwenden, dann können Sie diese als AutoText (ähnlich zu Textbausteinen) speichern und mit wenigen Tastenanschlägen in den Text einfügen.

3.8.1 AutoText definieren und speichern

1. Markieren Sie den Text, den Sie als AutoText speichern wollen.
2. Wählen Sie den Befehl *AutoText* aus dem Menü *Bearbeiten* oder klicken Sie auf die Schaltfläche *AutoText* in der Formatierungs-Symbolleiste.
3. Geben Sie für den markierten Textabschnitt einen Namen in dem Feld *Namen* ein. Dieser darf maximal 32 Zeichen lang sein und darf auch Leerzeichen enthalten.
4. Im Feld *AutoText-Eintrag verfügbar machen für* wählen Sie die Dokumentvorlage aus, in der der AutoText gespeichert werden soll.
5. Wählen Sie die Schaltfläche *Hinzufügen*.

3.8.2 AutoText einfügen

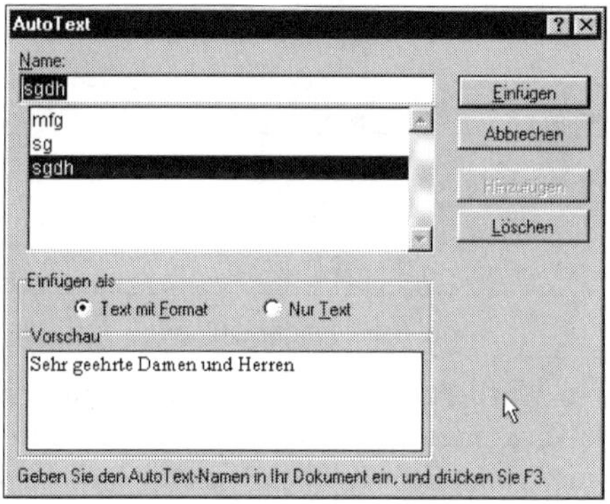

Abb. 3.9: AutoText anlegen

1. Setzen Sie die Einfügemarke an die Stelle im Text, an der Sie AutoText einfügen wollen.
2. Wählen Sie den Befehl *AutoText* im Menü *Bearbeiten*.

3. Markieren Sie den gewünschten AutoText-Namen in der Liste oder geben Sie ihn in dem Feld *Name* ein.
4. Jetzt bieten sich Ihnen 2 Möglichkeiten, den Text einzufügen: Wählen Sie *Text mit Format*, wenn Sie den Text in seiner Originalformatierung einfügen wollen. Wählen Sie *Nur Text*, wenn Sie den Text unformatiert einfügen möchten. Bei letzterem übernimmt der eingefügte Text automatisch die Formatierung des unmittelbar vor der Einfügemarke stehenden Zeichens oder Absatzes.
5. Wählen Sie die Schaltfläche *Einfügen*.

Schneller läßt sich AutoText in den Text einfügen, indem Sie den Namen des AutoTextes in den Text schreiben und anschließend F3 drücken. Dabei wird der AutoText-Eintrag, so wie er formatiert wurde, in den Text eingefügt.

3.9 Felder

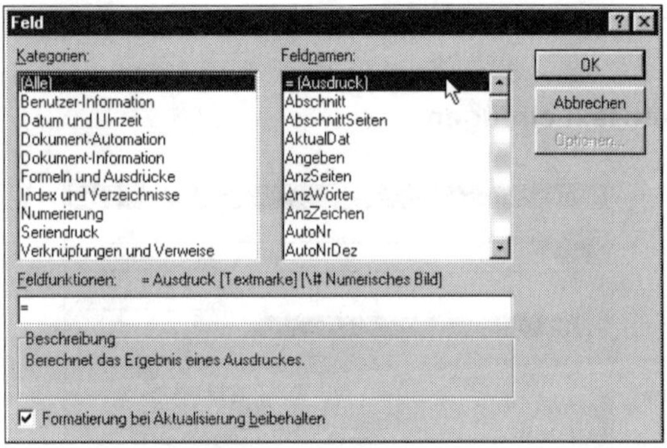

Abb. 3.10: Felder einfügen

Felder dienen in Word dazu, bestimmte Informationen in den Text einzufügen. Dabei werden Felder für solche Informationen verwendet, die sich während der Textbearbeitung ändern können. Ein Beispiel wäre die Anzahl der Seiten des Textes. Word stellt eine Vielzahl sogenannter Feldfunktionen zur Verfügung.

Felder werden im Text grau hinterlegt. Um die jeweilige Feldfunktion zu sehen, markieren Sie das Kontrollkästchen *Feldfunktionen* aus der Registrierkarte *Ansicht* im *Optionen*-Dialogfeld (*Extras/Optionen*).

3.9.1 Feld einfügen

1. Setzen Sie die Einfügemarke an die Stelle, an der Sie das Feld einfügen wollen.
2. Aktivieren Sie *Feld* aus dem Menü *Einfügen*.
3. Wählen Sie die gewünschte Kategorie von Feldern und den passenden Feldnamen. Bei *Beschreibung* finden Sie eine Erläuterung zum markierten Feldnamen.
4. Klicken Sie auf *Optionen*, wenn Sie zusätzliche Einstellungen für das Feld festlegen wollen.
5. Klicken Sie auf *OK*, um das Feld einzufügen.

3.9.2 Wichtige Felder

Die folgende Tabelle enthält eine Auswahl der wichtigsten Felder:

Kategorie	**Feld**	**Funktion**
Datum und Uhrzeit	AktualDat	Aktuelles Datum
	DruckDat	Datum des Ausdrucks
	ErstellDat	Datum der Texterstellung
Dokument-Information	AnzSeiten	Anzahl der Seiten des Textes
	Autor	Autor des Textes aus der Datei-Information
	Titel	Titel des Textes aus der Datei-Information
Numerierung	Seite	Aktuelle Seitennummer

4. Drucken

4.1 Texte drucken

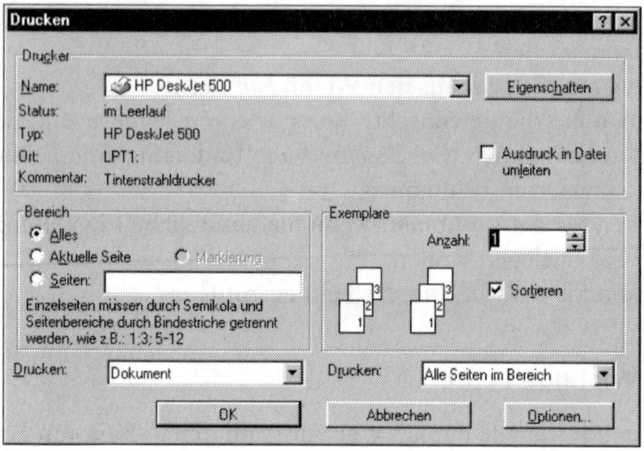

Abb. 4.1: Drucken

Um einen Text vollständig zu drucken, wählen Sie *Drucken* aus dem Menü *Datei*. Ein Dialogfeld erlaubt Ihnen folgende Einstellungen:

- Unter *Drucker* legen Sie fest, auf welchem Drucker Sie das Dokument ausgeben wollen. Dabei wird im Gegensatz zu früheren Word-Versionen der Standarddrucker von Windows nicht verändert. Wenn Sie ein Faxprogramm installiert haben, erscheint hier ein Faxdrucker (z.B. *Microsoft Fax*), über den Sie das Dokument faxen können.
- *Eigenschaften* öffnet ein Dialogfeld, in dem sich druckerspezifische Einstellungen vornehmen lassen. Diese Einstellungen variieren je nach angeschlossenem Druckertyp.
- Unter *Bereich* können Sie die Anzahl der gedruckten Seiten einschränken.
- Unter *Drucken* (links) bestimmen Sie, was Sie drucken wollen. *Dokument* legt fest, daß der normale Text gedruckt wird. Mit *Formatvorlagen* drucken Sie eine Liste der Formatvorlagen.
- *Exemplare* legt fest, wie oft der Text gedruckt werden soll. Das Kontrollkästchen *Sortieren* legt fest, in welcher Reihenfolge die

Seiten an den Drucker geschickt werden, wenn mehrere Exemplare gewünscht sind.

- Unter *Drucken* (rechts) bestimmen Sie, ob Sie alle, nur gerade oder ungerade Seiten drucken wollen.
- *Optionen* öffnet das Optionen-Dialogfeld (Abschnitt 4.3)

OK startet den Druckvorgang. Der Druckvorgang wird in der Statuszeile durch ein sich bewegendes Druckersymbol angezeigt. Sie können sofort nach dem Starten des Druckvorgangs jede beliebige Funktion von Word durchführen.

Die Schaltfläche *Drucken* in der Symbolleiste startet einen Druckvorgang ohne den Umweg über das Dialogfeld, wobei die zuletzt darin getroffenen Einstellungen verwendet werden.

4.2 In die Seitenansicht wechseln

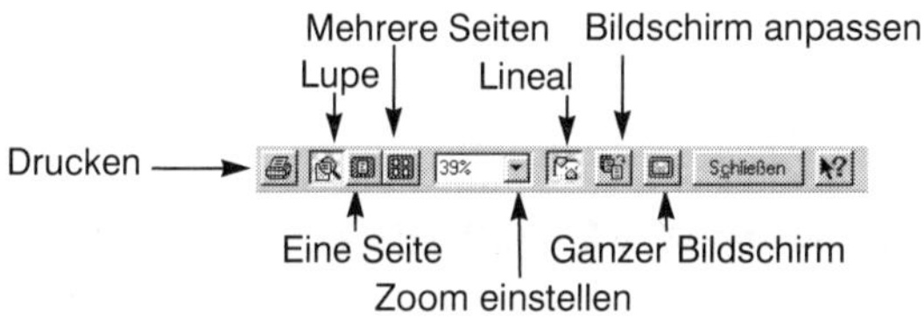

Abb. 4.2: Die Seitenansicht-Symbolleiste

Wenn Sie das Layout Ihres Textes vor dem Ausdruck überprüfen wollen, wählen Sie *Seitenansicht* aus dem Menü *Datei*. In der Seitenansicht wird eine spezielle Symbolleiste mit obigen Schaltflächen angezeigt:

Schaltfläche	**Funktion**
Drucken	druckt das Dokument mit den aktuellen Einstellungen.
Lupe	zeigt den Mauszeiger als Lupe, mit dem Bereiche auf der Druckseite durch Anklicken vergrößert werden können.
Eine Seite	zeigt eine Textseite im Fenster an.

Schaltfläche	Funktion
Mehrere Seiten	zeigt mehrere Textseiten gleichzeitig im Fenster an.
Zoom einstellen	erlaubt die Festlegung der Größe der Textanzeige in Prozent.
Lineal	schaltet die Anzeige des Lineals ein und aus.
Größe anpassen	verkleinert – wenn möglich – den Text so, daß er auf eine Druckseite weniger paßt.
Ganzer Bildschirm	blendet Menü-, Titel- und Statusleiste aus.
Schließen	schließt die Seitenansicht.

4.3 Druckoptionen

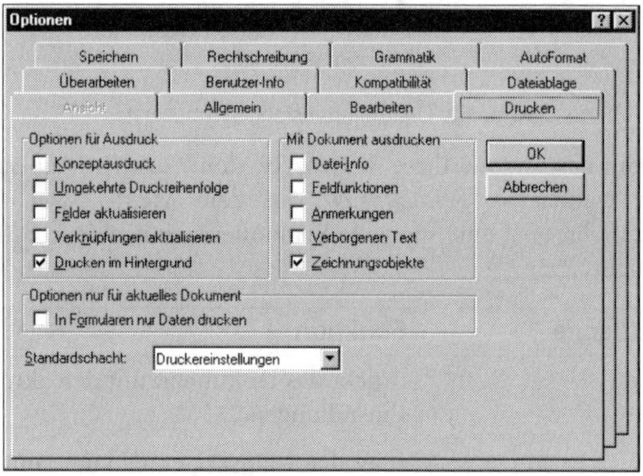

Abb. 4.3: Druckoptionen

Im Optionen-Dialogfeld (*Extras/Optionen*) können Sie durch folgende Einstellungen das Druckverhalten von Word beeinflussen:

- *Konzeptausdruck* erzeugt einen schnellen, aber qualitativ minderwertigeren Ausdruck.
- *Umgekehrte Druckreihenfolge* druckt von der letzten bis zur ersten Seite.
- *Felder aktualisieren* aktualisiert vor jedem Ausdruck alle Felder im Text. Ist dieses Kontrollkästchen nicht markiert, so behalten alle Felder ihren u.U. ungültigen Wert.
- *Verknüpfungen aktualisieren* aktualisiert vor jedem Ausdruck alle Verknüpfungen im Text.
- *Drucken im Hintergrund* bereitet den Text für den Ausdruck im Hintergrund vor, so daß Sie gleich mit Word weiterarbeiten können.
- *Mit Dokument ausdrucken* legt fest, welche Informationen Sie zusätzlich zum Text ausdrucken wollen.

5. Seitenlayout und Gliederungen

Dieses Kapitel befaßt sich mit der Erstellung längerer Texte. Zuerst sehen Sie, wie eine Druckseite festgelegt wird. Danach werden Methoden vorgestellt, wie Kopf- und Fußzeilen, Fußnoten, Gliederungen und Verzeichnisse in Ihren Text aufgenommen werden.

5.1 Abschnitte

Word erlaubt die Unterteilung eines Textes in sogenannte Abschnitte. Jeder Abschnitt kann dabei bezüglich Seitengröße und Seitenränder, Kopf- und Fußzeilen und Gliederungsnumerierung eine unterschiedliche Gestaltung aufweisen.
Wenn Sie z.B. in Ihren Text mehrere unterschiedliche Kopf- und/oder Fußzeilen aufnehmen wollen, so müssen Sie für jede Kopf- bzw. Fußzeile einen eigenen Abschnitt definieren.
Abschnitte werden durchnumeriert. Der erste Abschnitt reicht vom Anfang des Textes bis zum ersten Abschnittwechsel bzw. bis zum Ende des Textes, falls keine Abschnittwechsellinien eingefügt wurden. Die weiteren Abschnitte erstrecken sich jeweils zwischen zwei Abschnittswechseln. Letztere werden durch eine Abschnittswechsellinie (siehe Abb. 5.1) symbolisiert.

Abb. 5.1: Abschnittwechsel

5.1.1 Abschnitt anlegen

Für die Definition eines Abschnitts gehen Sie folgendermaßen vor:

1. Setzen Sie die Einfügemarke an die Stelle, an der der Abschnittwechsel eingefügt werden soll.
2. Wählen Sie *Manueller Wechsel* aus dem Menü *Einfügen*.
3. Klicken Sie im Dialogfeld eine der folgenden Optionen an, um den Typ des Abschnittwechsels zu bestimmen:
   - *Nächste Seite*: Der Abschnittwechsel wird effektiv erst am Anfang der der Abschnittwechsellinie folgenden Seite durchgeführt.

- *Fortlaufend*: Der Abschnittwechsel wird exakt an der Abschnittwechsellinie durchgeführt.
- *Ungerade Seite* bzw. *Gerade Seite*: Der Abschnittwechsel wird effektiv erst am Anfang der der Abschnittwechsellinie folgenden Seite mit ungerader bzw. gerader Seitennummer durchgeführt.

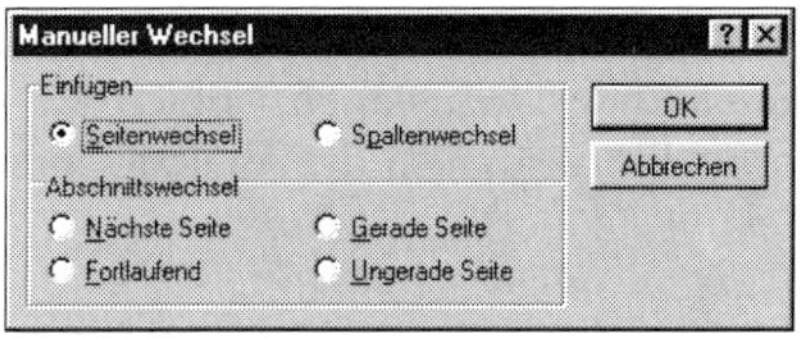

Abb. 5.2.: Abschnittwechsel einfügen

Sie können den Typ des Abschnittwechsels auf der Registrierkarte *Seitenlayout* im Dialogfeld *Seite einrichten* (*Datei/Seite einrichten*) jederzeit ändern.
Der neue Abschnitt übernimmt automatisch alle Einstellungen desjenigen Abschnitts, in den der Abschnittwechsel eingefügt wird. Die Einstellungen können dann wunschgerecht angepaßt werden.

5.1.2 Abschnittwechsel löschen

Um einen Abschnittwechsel zu löschen, setzen Sie die Einfügemarke auf die Abschnittwechsellinie und drücken `Entf`. Der Abschnitt über der gelöschten Abschnittwechsellinie übernimmt alle Einstellungen des Abschnitts unterhalb der Abschnittwechsellinie.

5.2 Druckseite

Alle die Druckseite betreffenden Einstellungen werden im Dialogfeld *Seite einrichten* getroffen, das Sie über *Seite einrichten* im Menü *Datei* öffnen können. Die Einstellungen beziehen sich dabei wahlweise auf das ganze Dokument oder auf den aktuellen Abschnitt, also den Abschnitt, in dem sich die Einfügemarke befindet.

5.2.1 Seitenränder festlegen

Die Seitenränder bestimmen den bedruckbaren Bereich einer Papierseite. Mit den Seitenrändern weisen Sie Word an, ausreichend Platz für Lochung, Bindung oder Notizen zu lassen. Beachten Sie außerdem, daß die meisten Drucker nicht die gesamte Papierfläche bedrucken können.
Obwohl Sie die Möglichkeit haben, Ihrem Text über Abschnitte verschiedene Seitenränder zuzuweisen, sollten Sie davon absehen und statt dessen für Einrückungen die Absatzformatierung verwenden.

> **Hinweis:**
> Über Positionsrahmen verfügen Sie über die Möglichkeit, Text und Grafiken auch außerhalb der definierten Seitenränder zu plazieren.

Um die Seitenränder zu ändern, gehen Sie folgendermaßen vor:

1. Setzen Sie ggf. die Einfügemarke in den Abschnitt, dessen Seitenränder Sie ändern wollen.
2. Wählen Sie die Registrierkarte *Seitenränder* im Dialogfeld *Seite einrichten* (siehe Abb. 5.3).

Abb. 5.3: Seite einrichten

3. Stellen Sie die Seitenränder folgendermaßen ein:
   - *Oben*, *Unten*, *Links*, *Rechts* bestimmen die jeweiligen Seitenränder.
   - *Gegenüberliegende Seiten* legt fest, daß der linke und rechte Seitenrand bei ungeraden Seiten für gebundene Dokumente vertauscht wird.
   - *Bundsteg* definiert für gebundene Dokumente einen zusätzlichen Leerraum am inneren Seitenrand.

- *Abstand vom Seitenrand* bestimmt, welchen Abstand der obere Rand der Kopfzeile bzw. der untere Rand der Fußzeile vom Papierrand haben soll.

4. Wählen Sie den Gültigkeitsbereich im einzeiligen Listenfeld *Anwenden auf*. Sie haben dabei folgende Möglichkeiten:
   - *Aktuellen Abschnitt*: Die Einstellungen gelten für den aktuellen Abschnitt.
   - *Dokument ab hier*: Word fügt einen neuen Abschnitt ein, für den die Einstellungen gelten.
   - *Gesamtes Dokument*: Die Einstellungen gelten für alle Abschnitte Ihres Textes.
5. Klicken Sie auf *OK*.

5.2.2 Papierformat definieren

Das Papierformat bestimmt die Größe der Seite, auf die Sie drucken wollen. Mit Hilfe des Papierformats können Sie Word auch veranlassen, Ihren Text im Querformat zu drucken.
Die Größe des Papiers, das in Ihrem Drucker eingelegt ist, muß je nach verwendetem Drucker u.U. dem Druckertreiber direkt mitgeteilt werden. Verwenden Sie hierzu die Druckersteuerung von Windows (siehe Kapitel 4.3). Sie können die Größe des Papiers jederzeit ändern. Gehen Sie dazu folgendermaßen vor:

1. Setzen Sie ggf. die Einfügemarke in den Abschnitt, dessen Seitenränder Sie ändern wollen.
2. Öffnen Sie das Dialogfeld *Seite einrichten* und wählen Sie die Registrierkarte *Papierformat*.
3. Wählen Sie im einzeiligen Listenfeld *Papierformat* das gewünschte Papierformat. Die verfügbaren Einträge sind vom aktuellen Drucker abhängig. Unter *Breite* und *Höhe* können Sie auch ein eigenes Format angegeben.
4. Legen Sie unter *Ausrichtung* fest, ob Sie im Hoch- oder Querformat drucken wollen.
5. Wählen Sie den Gültigkeitsbereich der neuen Einstellungen wie in Abschnitt 5.2.1.
6. Klicken Sie auf *OK*.

5.2.3 Papierzufuhr festlegen

Auf der Registrierkarte *Papierzufuhr* im Dialogfeld *Seite einrichten* können Sie bestimmen, welche Art der Papierzufuhr Sie beim Ausdruck verwenden wollen. Die Möglichkeiten der Papierzufuhr hängen von den Fähigkeiten Ihres Druckers ab.

5.2.4 Vertikale Ausrichtung bestimmen

Auf der Registrierkarte *Seitenlayout* finden Sie die Möglichkeit, die vertikale Ausrichtung der Absätze auf der Druckseite zu bestimmen. Dabei stehen Ihnen folgende Optionen zur Verfügung:

- *Oben* orientiert die Absätze am oberen Seitenrand und setzt den Leerraum, der z.B. durch manuelle Seitenumbrüche entsteht, an das Ende der Seite.
- *Zentriert* verteilt die Absätze so, daß oben und unten ein Leerraum gleicher Breite entsteht.
- *Blocksatz* verteilt den Leerraum gleichmäßig auf die Absatzzwischenräume.

5.2.5 Zeilennummern hinzufügen

Mit Word können Sie die Zeilen Ihres Textes numerieren lassen. Die Nummern werden dabei auch gedruckt. Auf der Registrierkarte *Seitenlayout* im Dialogfeld *Seite einrichten* finden Sie eine Befehlsschaltfläche *Zeilennummern*, in der Sie Anfang und Schrittweite der Zeilennumerierung festlegen können. Mit *Zeilennummern hinzufügen* schalten Sie die Zeilennumerierung ein. Das Format der Zeilennummern wird über die vordefinierte Zeichen-Formatvorlage *Zeilennummer* festgelegt.

5.3 Kopf- und Fußzeilen

Eine Kopfzeile besteht aus Text und/oder Grafik und wird am oberen Rand jeder Seite gedruckt. Entsprechend wird eine Fußzeile am unteren Rand jeder Seite gedruckt. In Kopfzeilen können Sie z.B. den Texttitel oder einen Briefkopf unterbringen. Die Fußzeile kann z.B. Seitenzahlen oder die Bankverbindung enthalten.

Für jeden Abschnitt läßt sich eine eigene Kopf- und Fußzeile definieren. Standardmäßig sind die Kopf- und Fußzeilen aller Abschnitte miteinander verknüpft, so daß sich die Änderung der Kopf- bzw. Fußzeile eines Abschnitts auf alle anderen Kopf- bzw. Fußzeilen auswirkt. Diese Verknüpfung kann beim Bearbeiten der Kopf- bzw. Fußzeile gelöst werden.
Im Dialogfeld *Seite einrichten* (*Datei/Seite einrichten*) können Sie auf der Registrierkarte *Seitenlayout* Word veranlassen, auf der ersten Seite und/oder auf geraden und ungeraden Seiten verschiedene Kopf- und Fußzeilen zu verwenden. Die Position der Kopf- und Fußzeilen können Sie im gleichen Dialogfeld auf der Registrierkarte *Seitenränder* bestimmten.
Kopf- bzw. Fußzeilen werden mit den vordefinierten Formatvorlagen *Kopfzeile* bzw. *Fußzeile* automatisch formatiert.

5.3.1 Seitennumerierung aktivieren

Die häufigste Verwendung für Kopf- und Fußzeilen ist der Ausdruck einer Seitenzahl. Word erlaubt Ihnen allerdings auch, Seitenzahlen direkt – ohne den Umweg über das Anlegen einer Kopf- oder Fußzeile – dem Text hinzuzufügen.

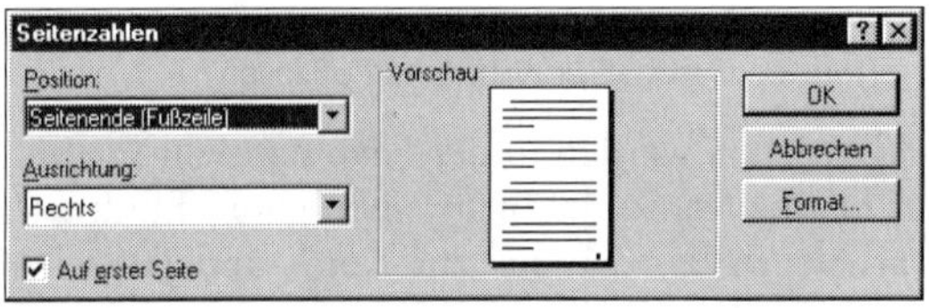

Abb. 5.4: Seitenzahlen

Seitenzahlen können über *Seitenzahlen* im Menü *Einfügen* in den Text eingefügt werden. Im *Seitenzahlen*-Dialogfeld können Sie unter *Position* bestimmen, ob die Seitenzahl in der Kopf- oder Fußzeile untergebracht werden soll. *Ausrichtung* legt fest, ob die Seitenzahl links, rechts oder zentriert auf der Druckseite gedruckt werden soll. Mit der Schaltfläche *Format* können Sie die Form der Seitenzahl folgendermaßen verändern:

- *Seitenzahlen-Format* legt fest, wie die Seitenzahl aussehen soll. *1,2,3* steht für arabische, *I, II, III* für römische Ziffern.

- *Kapitelnummer einbeziehen* veranlaßt Word, der Seitenzahl die Kapitelnummer voranzustellen. Durch die Auswahl einer vordefinierten Formatvorlage unter *Kapitel beginnt mit Formatvorlage* teilen Sie Word mit, welcher Gliederungsebene die Kapitelnummer entnommen wird. Dabei werden die Seitenzahlen jedoch nicht kapitelweise numeriert. Um das zu erreichen, müssen Sie Abschnitte verwenden.
- *Seitennumerierung* bestimmt, wo Word mit der Numerierung beginnen soll. *Fortsetzen vom vorherigen Abschnitt* läßt die Numerierung über den Abschnittwechsel weiter laufen. *Beginnen mit* startet die Numerierung beim letzten Abschnittwechsel mit der angegebenen Zahl.

Die Seitenzahlen werden als Feld *Seite* in einem Positionsrahmen in der Kopf- oder Fußzeile eingefügt und automatisch mit der vordefinierten Zeichenformatvorlage *Seitenzahl* formatiert.

5.3.2 Kopf- bzw. Fußzeilen anlegen und ändern

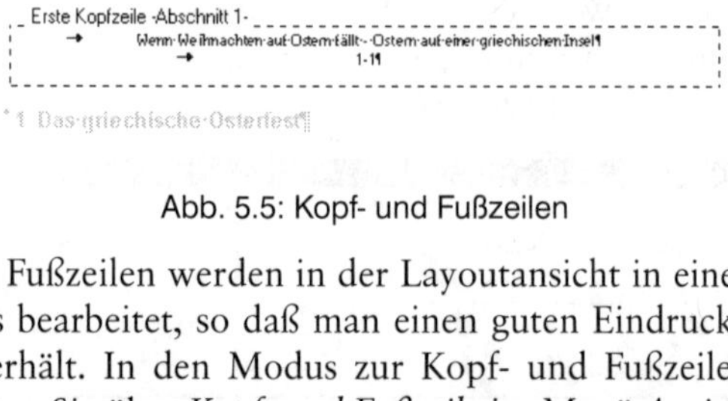

Abb. 5.5: Kopf- und Fußzeilen

Kopf- und Fußzeilen werden in der Layoutansicht in einem speziellen Modus bearbeitet, so daß man einen guten Eindruck von ihrer Wirkung erhält. In den Modus zur Kopf- und Fußzeilen-Bearbeitung schalten Sie über *Kopf- und Fußzeile* im Menü *Ansicht*.

Der Bereich der Kopf- bzw. Fußzeile wird gestrichelt umrahmt. Am oberen Rand werden Sie darüber informiert, für welchen Abschnitt bzw. für welche Seiten (Erste, Gerade, Ungerade) die Kopf- bzw. Fußzeile gilt. *Wie vorherige* zeigt an, daß die Kopf- bzw. Fußzeile denselben Inhalt wie die des vorherigen Anschnitts erhält. Der restliche Text wird grau eingeblendet und kann nicht bearbeitet werden.

Für Kopf- und Fußzeilen stehen Ihnen fast alle Möglichkeiten der gewöhnlichen Textbearbeitung zur Verfügung. Der Rahmen und die für den normalen Text zur Verfügung stehende (restliche) Fläche wird dabei automatisch aus der Größe der Kopf- bzw. Fußzeile berechnet.

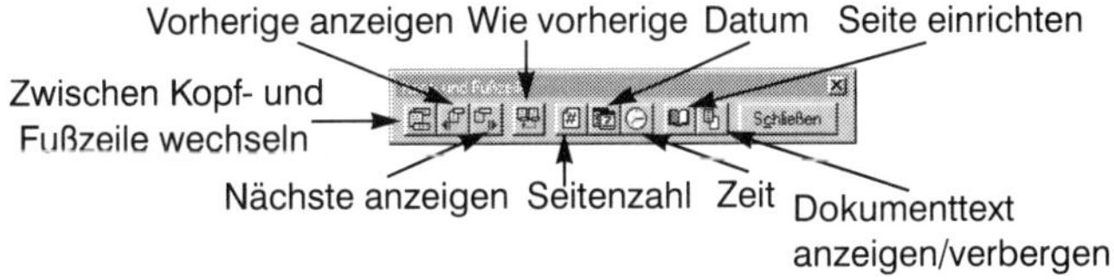

Abb. 5.6: Symbolleiste für Kopf- und Fußzeilen

Word zeigt im Kopf-/Fußzeilenmodus eine Symbolleiste mit folgenden Schaltflächen an:

- *Zwischen Kopf- und Fußzeile wechseln* springt von der Kopfzeile zur Fußzeile und umgekehrt.
- *Vorherige anzeigen* zeigt die Kopf- bzw. Fußzeile des vorherigen Abschnitts. Wenn Sie unterschiedliche Kopf- und Fußzeilen für die erste Seite, für ungerade und gerade Seiten verwenden, blättern Sie dann zwischen den jeweiligen Seiten.
- *Nächste anzeigen* zeigt analog die nächste Kopf- bzw. Fußzeile an.
- *Wie vorherige* schaltet die Kopf- und Fußzeilen-Verknüpfung ein und aus. Wenn die Schaltfläche gedrückt ist, ist die Kopf- bzw. Fußzeile mit der des vorherigen Abschnitts verknüpft. Ändern Sie eine Kopf- bzw. Fußzeile, so ändern sich alle verknüpften Kopf- bzw. Fußzeilen entsprechend. Wenn die Schaltfläche nicht gedrückt ist, dann wirken sich Änderungen nur auf die aktuelle Kopf- bzw. Fußzeile aus. Wenn Sie die Verknüpfung einschalten, übernimmt Word nach einer Rückfrage die Kopf- bzw. Fußzeile des vorhergehenden Abschnitts.
- *Seitenzahl*, *Datum* bzw. *Uhrzeit* fügen die Seitenzahl, das Datum bzw. die Uhrzeit an die aktuelle Position der Einfügemarke ein. Dabei werden die Felder SEITE, AKTUALDAT bzw. ZEIT verwendet. Datum und Zeit beziehen sich aus diesem Grund immer auf den Einfügezeitpunkt, nicht auf den Druckzeitpunkt.
- *Seite einrichten* öffnet das Dialogfeld *Seite einrichten* (siehe Abschnitt 5.2).
- *Dokumenttext anzeigen/verbergen* schaltet die Anzeige des grauen Textes ein und aus.
- *Schließen* beendet den Kopf-/Fußzeilenmodus und kehrt zur normalen Textbearbeitung zurück.

5.3.3 Kopf- und Fußzeilen löschen

Sie löschen Kopf- bzw. Fußzeilen, indem Sie im Kopf-/Fußzeilenmodus den in den Kopf- bzw. Fußzeilen enthaltenen Text löschen. Falls Sie eine automatisch eingefügte Seitenzahl entfernen wollen, so müssen Sie auf den schraffierten Rahmen klicken und dann [Entf] drücken.

5.4 Fußnoten und Endnoten

Word verwaltet die Fußnoten Ihres Textes automatisch. Geben Sie nur die Stelle im Text an, an der eine Fußnote eingefügt werden soll. Danach fügt Word ein Fußnotenzeichen in Ihren Text ein und ermöglicht es Ihnen, den Fußnotentext in einem speziellen Fenster oder direkt auf der Seite einzugeben. Auf Wunsch werden die Fußnoten auch automatisch durchnumeriert.
Word unterstützt zweierlei Arten von Fußnoten:

- Fußnoten erscheinen am Ende der Seite, auf der das Fußnotenzeichen in den Text eingefügt wurde. Sie werden z.B. für weiterführende Erläuterungen bestimmter Begriffe oder Sätze im Text verwendet.
- Endnoten erscheinen am Ende des Abschnitts oder Textes. Sie werden z.B. für Literaturangaben verwendet.

Das Fußnoten- bzw. Endnotenzeichen im Text wird automatisch mit der vordefinierten Zeichenformatvorlage *Fußnotenzeichen* bzw. *Endnotenzeichen* formatiert. Der Fußnoten- bzw. Endnotentext wird automatisch mit der vordefinierten Absatzformatvorlage *Fußnotentext* bzw. *Endnotentext* formatiert.

5.4.1 Fuß- bzw. Endnote einfügen

1. Setzen Sie die Einfügemarke an die Stelle, an der die Fuß- bzw. Endnote eingefügt werden soll.
2. Wählen Sie *Fußnote* aus dem Menü *Einfügen*.
3. Im Dialogfeld *Fußnote und Endnote* bestimmen Sie, ob Sie eine Fuß- oder eine Endnote anlegen wollen.
4. Wählen Sie die Art der Fuß- oder Endnotennumerierung unter *Numerierung*. *Automatisch* veranlaßt Word, Ihre Fuß- und End-

noten durchzunumerieren. Für Fußnoten werden dabei standardmäßig arabische, für Endnoten römische Ziffern verwendet.

5. Wählen Sie *OK*.

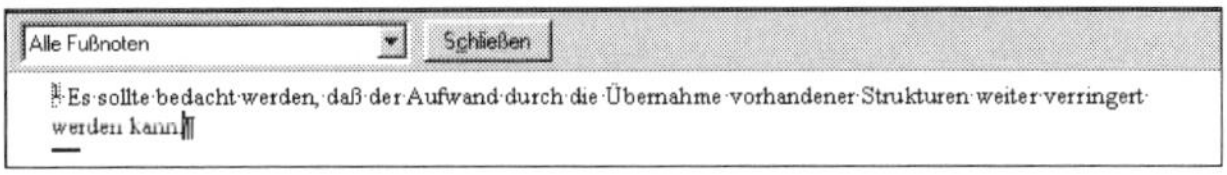

Abb 5.7: Eingabe des Fußnotentextes

6. Geben Sie den Fußnotentext ein. In der Standardansicht wird dafür ein spezielles Fenster (siehe Abb. 5.8) geöffnet, das Sie durch die Schaltfläche *Schließen* wieder vom Bildschirm entfernen können. In der Layoutansicht wird der Fußnotentext direkt an der Stelle eingegeben, an der er voraussichtlich auf der Seite erscheinen wird. Wenn Sie dann auf dem Fußnotenzeichen vor dem Fußnotentext doppelklicken, springen Sie im Text wieder an die Stelle, wo Sie die Fußnote eingefügt haben.

Anstelle des Weges über das Menü können Sie auch `Alt`+`Strg`+`F` für Fußnoten und `Alt`+`Strg`+`E` für Endnoten verwenden.

5.4.2 Fuß- bzw. Endnoten bearbeiten

Den Fußnoten- bzw. Endnotentext können Sie jederzeit durch Doppelklicken auf das Fußnotenzeichen bearbeiten. Word öffnet dann in der Standardansicht das Fußnotentextfenster bzw. springt in der Layoutansicht zu der Stelle, an dem sich der Fußnotentext befindet. Wenn Sie ein Fußnotenzeichen löschen oder durch Ausschneiden bzw. Kopieren und Einfügen verschieben bzw. kopieren, so wird auch der zugehörige Fußnotentext gelöscht oder verschoben bzw. kopiert. Wenn Sie die automatische Numerierung gewählt haben, so paßt Word die Numerierung selbständig an.

In der Normalansicht können Sie im Fußnotenbearbeitungsfenster die Trennlinie und zusätzliche Elemente (die bei Fußnoten verwendet werden, die nicht auf eine Seite passen) bearbeiten. Dazu wählen Sie das gewünschte Element im einzeiligen Listenfeld.

5.4.3 Optionen für Fuß- bzw. Endnoten

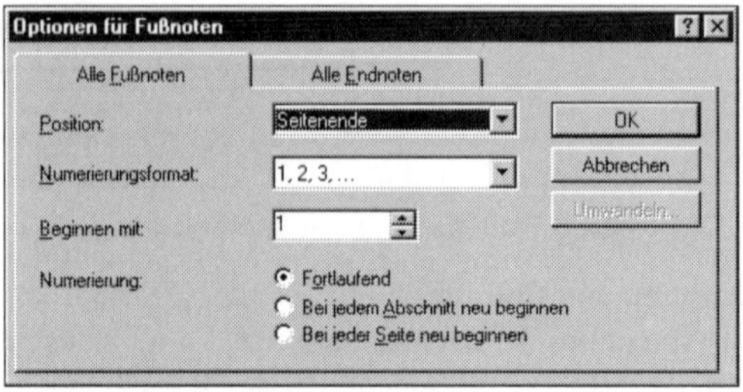

Abb. 5.8: Optionen für Fußnoten

Im Dialogfeld *Fußnoten und Endnoten* (*Einfügen/Fußnote*) befindet sich eine Schaltfläche *Optionen*, über die Sie ein Dialogfeld (siehe Abb. 5.8) öffnen können, in dem einige Einstellungen für Fuß- und Endnoten vorgenommen werden können. Das Dialogfeld verfügt über je eine Registrierkarte für Fuß- und Endnoten, wobei die Einstellungen in beiden Fällen sinngemäß die gleichen sind.

- Unter *Position* legen Sie fest, wo Word die Fuß- bzw. Endnoten sammeln soll.
- *Numerierungsformat* legt fest, welche Zeichen Word bei der automatischen Numerierung verwenden soll. Durch die letzte Auswahl in der Liste werden Symbole verwendet. Für diese Option sollten Sie die Fußnoten auf einer Seite sammeln.
- *Beginnen mit* gibt die Nummer vor, mit der Word die automatische Numerierung beginnen soll.
- Unter *Numerierung* legen Sie fest, ob Word die Fußnoten für den ganzen Text, für einen Abschnitt oder für eine Seite durchnumerieren soll. Sie sollten darauf achten, daß diese Einstellung der unter *Position* nicht widerspricht.

Word bietet die Möglichkeit, Fußnoten in Endnoten umzuwandeln und umgekehrt. Klicken Sie im *Optionen*-Dialogfeld auf *Umwandeln* und wählen Sie die gewünschte Umwandlungsoption. Um eine einzelne Fuß- oder Endnote umzuwandeln, öffnen Sie das Kontextmenü im Fußnotentext und wählen *In Endnote umwandeln* bzw. *In Fußnote umwandeln*.

5.5 Querverweise

In vielen Texten müssen Verweise auf Abbildungen, Tabellen oder andere Textstellen eingefügt werden. Dabei wird oft auf eine Numerierung oder eine Seitenzahl zurückgegriffen, die sich während der Textbearbeitung ändern kann. Word stellt einen Automatismus zur Verfügung, womit solche Querverweise durch entsprechende Felder immer korrekt angeglichen werden. Für Querverweise auf Tabellen, Abbildungen, Gleichungen und andere Objekte müssen diese via *Einfügen/Beschriftung* beschriftet sein. Für Verweise auf Textstellen muß diesen eine Textmarke zugewiesen worden sein. Überschriften müssen dazu mit den vordefinierten Formatvorlagen *Überschrift 1* bis *Überschrift 9* formatiert sein.
Um dann einen Querverweis einzufügen, wählen Sie *Querverweis* aus dem Menü *Einfügen*. Ein Dialogefeld (siehe Abb. 5.9) enthält dann folgende Einstellungen:

- Mit *Verweistyp* bestimmen Sie, von welchem Typ der Verweis sein soll.
- *Verweisen auf* legt fest, welche Information Sie in Ihren Text übernehmen wollen. Wollen Sie mehrere Informationen – z.B. Kapitelnummer und Seitenzahl – in Ihren Text übernehmen, so müssen Sie 2 Querverweise einfügen.

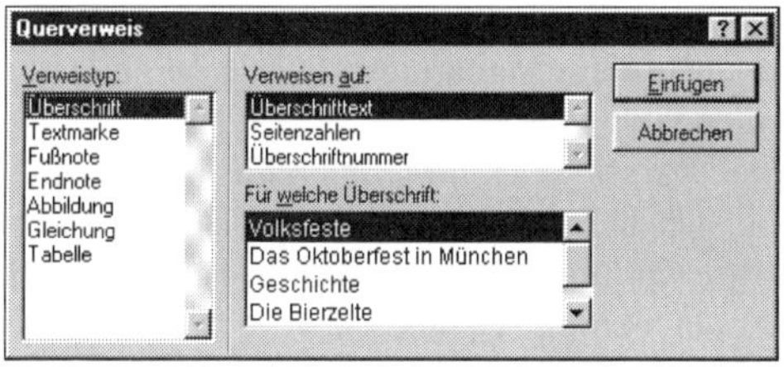

Abb. 5.9: Querverweise anlegen

- Unter *Für welche...* legen Sie fest, auf was Sie konkret verweisen wollen. Die Liste zeigt Textausschnitte oder Beschriftungen, so daß Sie das gewünschte Element leicht identifizieren können.
- *Einfügen* fügt den Querverweis in den Text ein. Das Dialogfeld bleibt dabei geöffnet. Sie können es durch *Schließen* bzw. *Abbrechen* schließen.

Hinweis:
Über Fußnotenquerverweise können Sie an mehreren Stellen im Text auf dieselbe Fußnote verweisen. Jedoch müssen Sie den Querverweis auf die Fußnote manuell formatieren. Am besten verwenden Sie dazu die vordefinierte Formatvorlage *Fußnotenzeichen*.

5.6 Kapitelnumerierung und Gliederungen

Größere Texte werden oft in einer mehrstufigen Hierarchie gegliedert. Word übernimmt dabei für Sie die automatische Numerierung der einzelnen Überschriften. Zusätzlich können Sie in eine spezielle Gliederungsansicht schalten, in der Sie eine gute Übersicht über Ihren Text erhalten und bequem die Reihenfolge und Hierarchie der Kapitel ändern können.

5.6.1 Gegliederte Texte mit Numerierung erstellen

Alles, was Sie für die Erstellung eines gegliederten Textes tun müssen, ist die vordefinierten Formatvorlagen *Überschrift 1* bis *Überschrift 9* für die Formatierung Ihrer Kapitelüberschriften zu verwenden. Dabei steht *Überschrift 1* für die höchste, *Überschrift 9* für die niedrigste Ebene.
Um die Überschriften automatisch numerieren zu lassen, gehen Sie folgendermaßen vor:

1. Wählen Sie *Überschriften numerieren* aus dem Menü *Format*.
2. Suchen Sie sich dann unter den Beispielen die Numerierungsart aus, die Ihren Wünschen entspricht. Wenn Sie auf *Bearbeiten* klicken, öffnet sich ein Dialogfeld, in dem Sie die Kapitelnumerierung frei gestalten können.
3. Klicken Sie auf *OK*.

Word numeriert die Überschriften direkt ohne Verwendung eines Felds. Es ist gewährleistet, daß die Numerierung auch nach dem Löschen oder Verschieben einzelner Überschriften korrekt ist.

5.6.2 In der Gliederungsansicht arbeiten

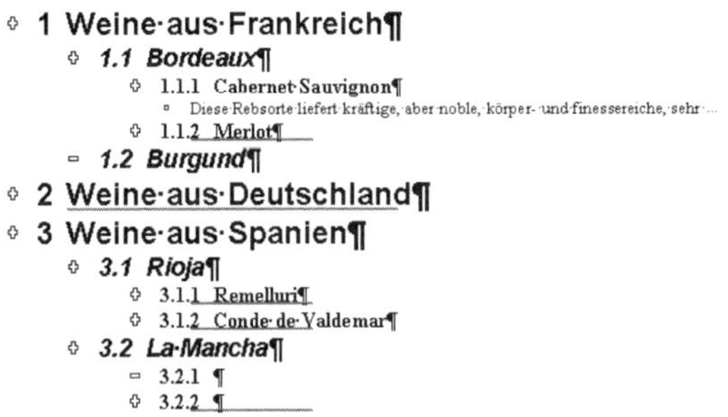

Abb. 5.10: Die Gliederungsansicht

Die Gliederungsansicht ist ein spezieller Anzeigemodus von Word, in dem Sie bestimmen können, welche Kapitelebenen angezeigt werden sollen und welche ausgeblendet bleiben. Außerdem läßt sich im Gliederungsmodus die Gliederungsreihenfolge Ihres Textes einfach ändern, indem Sie die Gliederungspunkte verschieben. Text und untergeordnete Gliederungspunkte werden automatisch mitverschoben.

Sie wechseln in die Gliederungsansicht, indem Sie *Gliederung* aus dem Menü *Ansicht* wählen. Alternativ können Sie die Schaltfläche *Gliederungsansicht* in der linken unteren Ecke des Textfensters verwenden.

Die Gliederungsansicht verwendet eine besondere Symbolleiste (siehe Abb. 5.11), mit der Sie die Gliederung verändern können. Die Schaltflächen haben folgende Bedeutung:

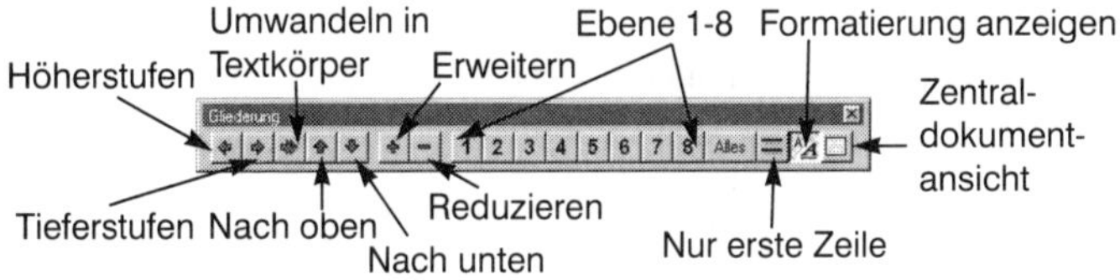

Abb. 5.11: Die Symbolleiste der Gliederungsansicht

- *Höherstufen*: Stuft die aktuelle Überschrift (in der sich die Einfügemarke befindet) um eine Ebene nach oben. Dabei wird auch die Formatvorlage geändert.
- *Tieferstufen*: Stuft die aktuelle Überschrift entsprechend um eine Ebene nach unten.
- *Umwandeln in Textkörper*: Wandelt die aktuelle Überschrift in normalen Text um, indem ihr die Formatvorlage *Standard* zugewiesen wird.
- *Nach oben*: Verschiebt die aktuelle Überschrift vor die vorhergehende Überschrift, ohne daß sich die Ebene ändert.
- *Nach unten*: Verschiebt die aktuelle Überschrift entsprechend um eine Überschrift nach unten.
- *Erweitern*: Zeigt die untergeordneten Überschriften der nächsten Ebene bzw. den Text unterhalb der aktuellen Überschrift an.
- *Reduzieren*: Blendet die untergeordneten Überschriften der nächsten Ebene bzw. den Text unter der aktuellen Überschrift aus. Der Text wird dabei natürlich nicht gelöscht, sondern nur verborgen.
- *Ebene 1* bis *Ebene 8*: Zeigt die Überschriften bis zu einer bestimmten Ebene an. Wenn Sie z.B. *4* wählen, werden alle Überschriften bis zur 4. Ebene angezeigt. Alle weiteren Ebenen sind dann verborgen.
- *Alles*: Zeigt den gesamten Text an.
- *Nur erste Zeile*: Zeigt vom normalem Text nur die erste Zeile jedes Absatzes.
- *Formatierung anzeigen*: Bestimmt, ob der Text im Gliederungsmodus formatiert angezeigt werden soll oder nicht.
- *Zentraldokumentansicht*: Schaltet in die Zentraldokumentansicht, wo Sie einen Text auf verschiedene Dateien verteilen können.

Alternativ zu den Schaltflächen können Sie auch die Maus zum Ändern Ihrer Gliederung verwenden. Dabei werden folgende Methoden unterstützt:

- Ziehen des Plus- oder Minuszeichens vor der Überschrift nach links erhöht die Ebene der Überschrift, Ziehen nach rechts verringert die Ebene der Überschrift.

- Doppelklicken auf ein Pluszeichen zeigt die Überschriften und den Text unterhalb der Überschrift an. Entsprechend blendet ein Doppelklicken auf das Minuszeichen den Text wieder aus.

Wenn Sie in der Gliederungsansicht eine Überschrift löschen, kopieren oder verschieben, so führen Sie diese Aktion auch mit allen untergeordneten Überschriften und allen untergeordneten Texten durch, solange diese ausgeblendet sind. Eingeblendete Überschriften bzw. eingeblendete Texte müssen explizit markiert werden, damit sie zusammen mit der übergeordneten Überschrift gelöscht, kopiert oder verschoben werden.

5.7 Spaltensatz

Word ist in der Lage, einen Text in mehreren Spalten auf der Druckseite anzuordnen. Insbesondere bei kleinen Schriftgraden wird dadurch die Lesbarkeit des Textes erhöht.

Bei Spaltensatz bezieht sich die Absatzformatierung auf eine Spalte statt auf die gesamte Druckseite. Spalten können auf einer Seite unterschiedlich breit sein und sind spezifisch für einen Abschnitt. Durch das Anlegen mehrerer Abschnitte können Sie auf verschiedenen Seiten oder sogar auf der gleichen Seite eine unterschiedliche Spaltenanzahl verwenden.

5.7.1 Text in mehreren Spalten anordnen

Um einen Text in mehrere Spalten aufzuteilen, gehen Sie folgendermaßen vor:

1. Setzen Sie die Einfügemarke in den Abschnitt, in dem Sie Spaltensatz verwenden wollen.
2. Klicken Sie in der Symbolleiste die Schaltfläche *Spalten* an und halten Sie die Maustaste gedrückt.
3. Ziehen Sie die Maus bei gedrückter Maustaste soweit nach rechts, bis die benötigte Spaltenanzahl markiert ist.

Wenn Sie vor der Definition des Spaltensatzes Absätze markieren, so fügt Word vor und nach diesen Absätzen automatisch einen Abschnittwechsel ein.

Abb. 5.12: Spaltenmarken auf dem Lineal

Um die Breite der Spalten anzupassen, ziehen Sie die Spaltenmarken auf dem Lineal auf die gewünschte Breite.

5.7.2 Spaltenwechsel vornehmen

Wenn Sie mehrspaltigen Text verwenden, können Sie neben einem manuellen Seitenumbruch auch manuelle Spaltenwechsel einfügen. Dadurch wird eine Spalte beendet und der weitere Text in der nächsten Spalte gedruckt. Dazu wählen Sie *Manueller Wechsel* im Menü *Einfügen* und aktivieren die Optionsschaltfläche *Spaltenwechsel*. Alternativ drücken Sie [Strg]+[Umschalt]+[↵].
Ein Spaltenwechsel kann natürlich auch einen Seitenwechsel bedingen. Die Absatzformateinstellungen *Absätze nicht trennen* und *Zeilen nicht trennen* gelten für Spalten- wie für Seitenwechsel.

5.7.3 Optionen für Spaltensatz

Im *Spalten*-Dialogfeld, daß Sie über *Spalten* im Menü *Format* erreichen, haben Sie eine tiefergehende Kontrolle über das Spaltenlayout. Das Dialogfeld (siehe Abb. 5.13) erlaubt folgende Angaben:

- *Voreinstellungen* zeigt vordefinierte Spaltenlayouts an. Wenn Sie eine der Voreinstellungen anklicken, werden die restlichen Einstellungen im Dialogfeld entsprechend angepaßt.
- *Anzahl der Spalten* legt die Anzahl der Spalten im aktuellen Abschnitt fest.
- Unter *Breite und Abstand* können Sie die Breite und den Abstand für jede Spalte festlegen. Falls Sie mehr als 3 Spalten definiert haben, erscheinen Bildlaufleisten, über die Sie die restlichen Einstellungen erreichen können.
- *Gleiche Spaltenbreite* veranlaßt Word, alle Spalten auf dieselbe Breite zu setzen.
- Bei Aktivierung von *Zwischenlinie* druckt Word zwischen 2 Spalten eine vertikale Linie.

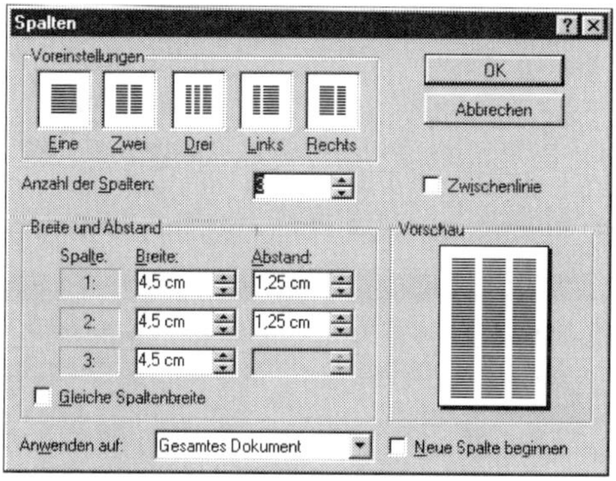

Abb 5.13: Optionen für Spaltensatz

- *Anwenden auf* bestimmt, ob sich die Spaltendefinition auf den nachfolgenden bzw. markierten Text oder den gesamten Text beziehen soll.
- *Neue Spalte beginnen* fügt an der Position der Einfügemarke einen Spaltenwechsel ein.

5.8 Inhaltsverzeichnisse, Indexe und Abbildungsverzeichnisse

Word erstellt automatisch anhand Ihres Textes Inhaltsverzeichnisse, Abbildungsverzeichnisse und Indexe. Diese werden als Felder an die gewünschte Stelle in Ihren Text eingefügt und können automatisch aktualisiert werden, wenn sich der Text ändert.

5.8.1 Inhaltsverzeichnisse

Mehrstufige Inhaltsverzeichnisse können Sie direkt aus der Gliederung Ihres Textes erstellen, wenn Sie die vordefinierten Absatzformatvorlagen *Überschrift 1* bis *Überschrift 9* verwendet haben. Daneben erlaubt Word, beliebige Formatvorlagen bestimmten Verzeichnisebenen zuzuweisen, so daß ein Inhaltsverzeichnis erstellt werden kann.
Das Inhaltsverzeichnis wird automatisch mit den vordefinierten Formatvorlagen *Verzeichnis 1* bis *Verzeichnis 9* formatiert. Word macht beim Erstellen des Inhaltsverzeichnisses einige Vorschläge für die Formatierung.

5.8.1.1 Inhaltsverzeichnis erstellen

Sie erstellen ein Inhaltsverzeichnis, indem Sie die Einfügemarke an die Stelle bewegen, wo das Inhaltsverzeichnis plaziert werden soll, und *Index und Verzeichnisse* im Menü *Einfügen* wählen. Im daraufhin angezeigten Dialogfeld wechseln Sie auf die Registrierkarte *Inhaltsverzeichnis*, wo Sie folgende Einstellungen treffen können:

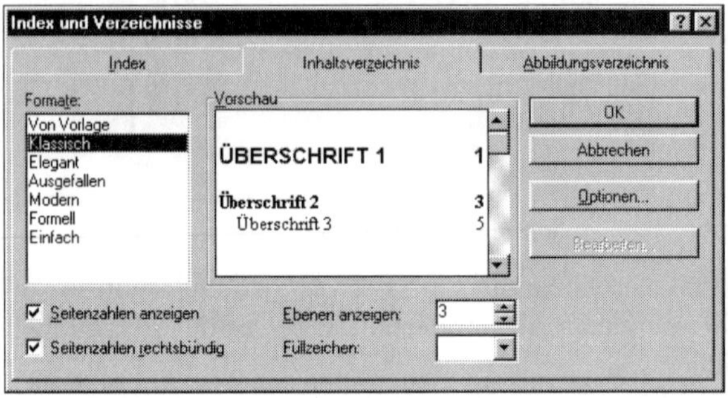

Abb. 5.14: Inhaltsverzeichnis erstellen

- Unter *Formate* können Sie bestimmen, wie Ihr Inhaltsverzeichnis formatiert sein soll. Wenn Sie mit den Vorschlägen nicht zufrieden sind, wählen Sie *Benutzerdefiniert* und klicken auf *Bearbeiten*. Dadurch öffnen Sie das Formatvorlagen-Dialogfeld, um die vordefinierten Formatvorlagen *Verzeichnis 1* bis *Verzeichnis 9* zu bearbeiten.
- *Seitenzahlen anzeigen* legt fest, daß im Inhaltsverzeichnis die Seitenzahlen des jeweiligen Kapitel- bzw. Unterkapitelbeginns angezeigt werden. Dabei wird für die Seitenzahlen genau das Format verwendet, das Sie unter *Einfügen/Seitenzahlen* festgelegt haben.
- *Seitenzahlen rechtsbündig* bestimmt, daß die Seitenzahlen am rechten Seitenrand und nicht direkt hinter der Kapitelüberschrift gedruckt werden.
- *Ebenen anzeigen* bestimmt, wieviel Gliederungsebenen in das Inhaltsverzeichnis aufgenommen werden. Es empfiehlt sich, diese Einstellung so zu wählen, daß im Inhaltsverzeichnis nicht sehr viele Einträge mit derselben Seitenzahl auftreten.
- *Füllzeichen* bestimmt, ob zwischen der Überschrift und der Seitenzahl ein Füllzeichen eingefügt werden soll. Üblich ist dabei

ein Punkt, der eine gepunktete Linie erzeugt, die das Lesen des Inhaltsverzeichnisses erleichtert.

5.8.1.2 Inhaltsverzeichnis aktualisieren

Wenn sich beim Bearbeiten eines Textes Änderungen bei den Seitenzahlen ergeben, so aktualisiert Word das Inhaltsverzeichnis nicht automatisch, damit keine lästigen Verzögerungen entstehen. Um das Inhaltsverzeichnis zu aktualisieren, setzen Sie die Einfügemarke in das Inhaltsverzeichnis und drücken [F9]. Im darauf erscheinenden Dialogfeld können Sie festlegen, ob Sie nur die Seitenzahlen anpassen wollen, oder ob Sie ein neues Inhaltsverzeichnis anlegen wollen, in dem auch neue Überschriften berücksichtigt werden.

5.8.1.3 Inhaltsverzeichnis aus beliebigen Formatvorlagen erstellen

Sie können Formatvorlagen einzelnen Kapitelebenen zuordnen, damit Word daraus ein Inhaltsverzeichnis erstellen kann. Wenden Sie diese Vorgehensweise dann an, wenn Sie alte Texte neu formatieren wollen. Ansonsten empfiehlt sich immer die Verwendung der vordefinierten Formatvorlagen *Überschrift 1* bis *Überschrift 9*.
Die Zuordnung von Formatvorlagen zu Kapitelebenen nehmen Sie vor, indem Sie im Dialogfeld *Index und Verzeichnisse* auf der Registrierkarte *Inhaltsverzeichnisse* die Schaltfläche *Optionen* anklicken. Daraufhin erscheint ein Dialogfeld, in dem Sie jeder Absatzformatvorlage eine Gliederungsebene zuweisen können.
Wenn Sie *Aus Verzeichniseintragsfeldern* markieren, werden auch solche Überschriften aufgenommen, die mit dem Feld INHALT gekennzeichnet werden.

5.8.2 Indizes

Indizes (Sachverzeichnisse, Register) geben die Seitenzahlen an, auf denen ein bestimmter Begriff oder Sachverhalt auftaucht oder erklärt wird. Word unterstützt bis zu 9stufige Indizes und Querverweise innerhalb des Indexes. Damit Word den Index erstellen kann, müssen die Wörter, die darin erscheinen sollen, im Text gekennzeichnet werden.

Indizes werden mit den vordefinierten Formatvorlagen *Index 1* bis *Index 9* formatiert.

5.8.2.1 Indexeinträge festlegen

Indexeinträge werden im Dialogfeld *Indexeinträge festlegen* (siehe Abb. 5.15) definiert. Sie öffnen das Dialogfeld durch `Alt`+`Umschalt`+`X`. Dabei wird die zuvor markierte Textstelle in das Dialogfeld übernommen. Während das Dialogfeld geöffnet ist, können Sie weiterhin Text markieren und bearbeiten. Wählen Sie *Schließen*, um das Dialogfeld zu schließen.

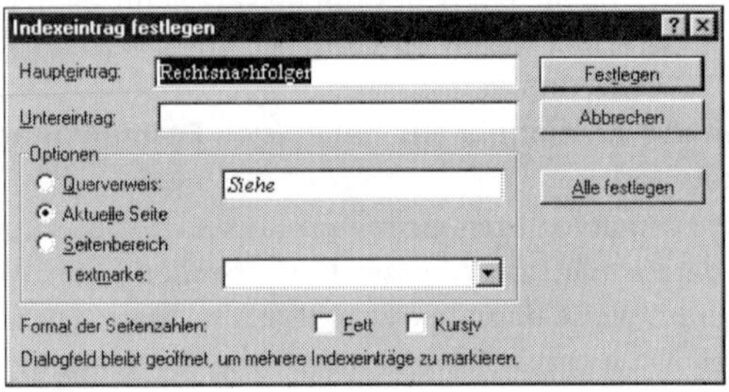

Abb. 5.15: Indexeintrag festlegen

Im Dialogfeld *Indexeinträge festlegen* treffen Sie folgende Einstellungen:

- *Haupteintrag* legt den Haupteintrag im Index fest. Der Haupteintrag wird alphabetisch im Index sortiert. Wollen Sie mehr als 2 Indexebenen verwenden, tragen Sie hier alle übergeordneten Ebenen durch Doppelpunkte getrennt ein. Wenn Sie die Indexeinträge formatieren wollen, können Sie dies über die Zeichenformatierungs-Shortcuts (siehe Kap. 1.6.1) erledigen.
- *Untereintrag* bestimmt den Untereintrag im Index. Die Untereinträge werden meist eingerückt unter dem Haupteintrag angeordnet.
- *Optionen* bestimmt, welche Information hinter dem Eintrag aufgeführt werden sollen.
  - *Querverweis* verweist auf einen anderen Indexeintrag, den Sie hinter das *Siehe* eintragen müssen.
  - *Aktuelle Seite* trägt die Seitenzahl ein.
  - *Seitenbereich* führt einen Seitenbereich hinter dem Eintrag auf. Der Seitenbereich muß als Textmarke (*Bearbeiten/Text-*

marke) definiert sein. Den Namen der Textmarke können Sie dann im einzeiligen Listenfeld auswählen.

- Bei *Format der Seitenzahlen* können Sie festlegen, ob die Seitenzahlen für diesen Eintrag kursiv und oder fett formatiert werden sollen. Damit können im Index z.B. die Seiten hervorgehoben werden, auf der sich eine Abbildung oder die wichtigste Information befindet.
- *Festlegen* fügt ein Feld XE in den Text ein, wodurch der Indexeintrag festgehalten wird.
- *Alle festlegen* kennzeichnet automatisch alle gleichlautenden Begriffe im Text als Indexeinträge. Dabei wird ein Begriff nur einmal pro Absatz berücksichtigt.

5.8.2.2 Index erstellen

Um den Index in den Text einzufügen, bewegen Sie die Einfügemarke an die gewünschte Stelle und wählen *Index und Verzeichnisse* im Menü *Einfügen*. Das Dialogfeld erlaubt auf der Registrierkarte *Index* (siehe Abb. 5.16) folgende Einstellungen:

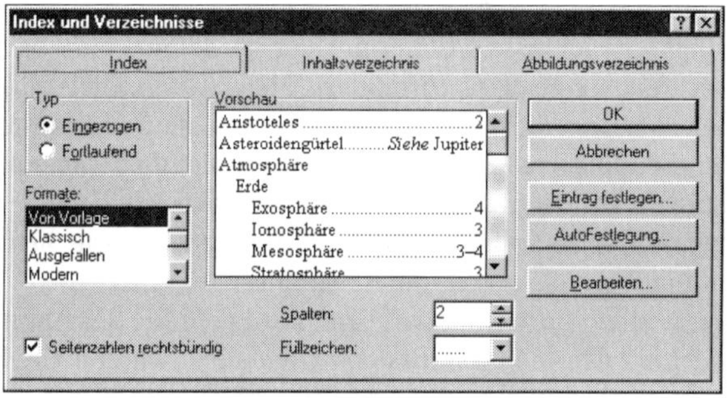

Abb. 5.16: Erstellen eines Index

- *Typ* bestimmt, ob die Untereinträge eingerückt (*Eingezogen*) werden sollen oder nicht.
- *Formate* bietet vordefinierte Formatierungen für den Index. Falls Ihnen keine davon gefällt, wählen Sie *Benutzerdefiniert* und klikken auf *Bearbeiten*. Dadurch öffnen Sie das Formatvorlagen-Dialogfeld, um die vordefinierten Formatvorlagen *Index 1* bis *Index 9* zu bearbeiten.

- *Spalten* bestimmt, in wieviel Spalten der Index angelegt sein soll. Dabei fügt Word automatisch einen entsprechenden Abschnitt ein.
- *Seitenzahlen rechtsbündig* ordnet die Seitenzahlen am rechten Seiten- bzw. Spaltenrand an. *Füllzeichen* gibt ein Zeichen an, mit dem der Raum zwischen Indexeintrag und Seitenzahl ausgefüllt wird.
- *AutoFestlegung* erfordert die Angabe einer Word-Datei, in der tabellarisch links die Wörter im Text und rechts die zugehörigen Indexeinträge aufgeführt sind. Word erstellt daraus den Index.

5.8.3 Abbildungsverzeichnisse

Voraussetzung für ein Abbildungsverzeichnis ist eine Abbildungsbeschriftung, wie sie über *Beschriftung* aus dem Menü *Einfügen* erstellt werden kann. Abbildungsverzeichnisse lassen sich für alle Objekte, denen mit *Einfügen/Beschriftung* eine automatische Beschriftung zugewiesen wird (siehe Kapitel 7.5.2), anlegen. Sie können auch mehrere verschiedene Abbildungsverzeichnisse für einen Text erstellen.

Abbildungsverzeichnisse werden mit der vordefinierten Formatvorlage *Abbildungsverzeichnis* formatiert. Sie erstellen ein Abbildungsverzeichnis, indem Sie die Einfügemarke auf die gewünschte Stelle setzen und dann *Verzeichnisse und Index* im Menü *Einfügen* wählen. Einstellungen auf der Registrierkarte *Abbildungsverzeichnis*:

- *Kategorie* legt fest, für welche Beschriftungskategorie Sie das Abbildungsverzeichnis erstellen wollen.
- *Formate* bietet vordefinierte Formatierungen für das Abbildungsverzeichnis. Wenn Ihnen diese nicht gefallen, wählen Sie *Benutzerdefiniert* und klicken auf *Bearbeiten*. Dadurch öffnet sich das Formatvorlagen-Dialogfeld, in dem Sie die vordefinierte Formatvorlage *Abbildungsverzeichnis* bearbeiten können.
- *Seitenzahlen anzeigen* legt fest, daß im Abbildungsverzeichnis die Seitenzahlen der jeweiligen Abbildungen angezeigt werden.
- *Kategorie und Nummer* zeigt Kategoriename und Nummer an.
- *Seitenzahlen rechtsbündig* ordnet die Seitenzahlen am rechten Seiten-/Spaltenrand an. *Füllzeichen* gibt das Zeichen an, mit dem der Raum zwischen Indexeintrag und Seitenzahl ausgefüllt wird.

6. Word anpassen

6.1 Symbolleisten

In Word ist es möglich, mehrere Symbolleisten gleichzeitig auf dem Bildschirm anzuzeigen. Dabei stellt Word mehrere vordefinierte Symbolleisten für verschiedene Funktionsbereiche zur Verfügung. Diese können Sie nach Belieben verändern und erweitern. Auch lassen sich sehr leicht neue Symbolleisten definieren und zusammenstellen.
Symbolleisten sind dabei entweder fest an einem Rand des Fensters verankert oder frei beweglich in einem Fenster angeordnet.
Symbolleisten werden mit der Dokumentvorlage gespeichert. Um eine Symbolleiste allen Texten verfügbar zu machen, speichern Sie sie mit der Dokumentvorlage NORMAL.DOT.

6.1.1 Symbolleisten anzeigen und anordnen

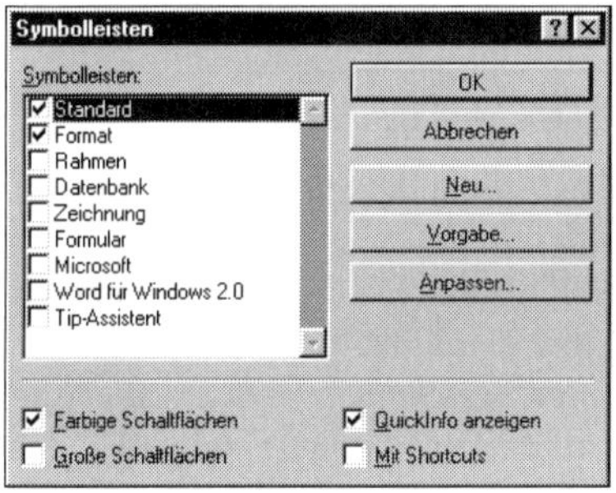

Abb. 6.1: Symbolleisten

Um die Anzeige der verschiedenen Symbolleisten ein- und auszuschalten, wählen Sie *Symbolleisten* aus dem Menü *Ansicht*. In einem Dialogfeld (siehe Abb. 6.1) können Sie die Symbolleisten durch Markierung der entsprechenden Kontrollkästchen anzeigen lassen.
Eine angezeigte Symbolleiste kann auf dem Bildschirm beliebig positioniert werden. Wenn Sie eine verankerte Symbolleiste an einer freien Stelle zwischen den Schaltflächen mit der Maus an eine andere Stelle ziehen, so wird sie in ein Fenster umgewandelt. Sie

können ein solches Fenster beliebig verschieben und in der Größe verändern. Um eine Symbolleiste im Fenster zu verankern, schieben Sie sie an den entsprechenden Word-Fensterrand oder doppelklikken auf der Titelleiste.

6.1.2 Symbolleisten anlegen und ändern

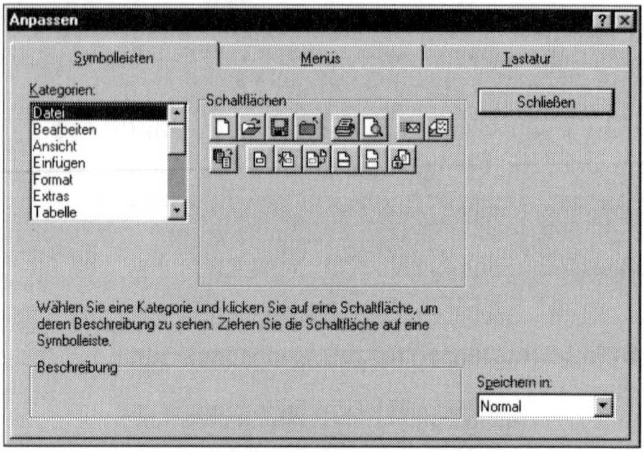

Abb. 6.2: Symbolleisten anpassen

Um eine Symbolleiste zu ändern, gehen Sie folgendermaßen vor:

1. Wählen Sie *Anpassen* aus dem Menü *Extras*.
2. Unter *Kategorien* wählen Sie die verschiedenen Menüs und Funktionsbereiche von Word aus.
3. Wählen Sie unter *Speichern in*, ob Sie die Änderungen an den Symbolleisten in NORMAL.DOT oder der dem aktuellen Text zugrundeliegenden Dokumentvorlage speichern wollen.
4. Unter *Schaltflächen* sind Schaltflächen für die Befehle des Menüs bzw. Funktionsbereichs abgebildet. Unter *Beschreibung* werden angeklickte Schaltflächen erläutert. Um einer Symbolleiste eine solche Schaltfläche hinzuzufügen, ziehen Sie die Schaltfläche auf die gewünschte Symbolleiste. Wenn Sie die Schaltfläche auf eine Fläche außerhalb einer Symbolleiste ziehen, so erstellt Word automatisch eine neue Symbolleiste.
5. Um eine Schaltfläche aus einer Symbolleiste zu entfernen, ziehen Sie diese aus der Symbolleiste auf eine beliebige Fläche außerhalb

aller Symbolleisten.
Um Symbolleisten zu erstellen oder zu bearbeiten, können Sie auch den Weg über das *Symbolleisten*-Dialogfeld (siehe Abb. 6.1) wählen. Dort befinden sich folgende Schaltflächen:

- Mit *Neu* legen Sie eine neue, leere Symbolleiste an. Den Namen der Symbolleiste und die Dokumentvorlage, in der die neue Symbolleiste gespeichert werden soll, legen Sie über ein Dialogfeld fest. Nach der Bestätigung durch *OK* zeigt Word eine leere Symbolleiste und öffnet das Anpassen-Dialogfeld.
- *Löschen* löscht die in der Liste *Symbolleisten* hervorgehobene Symbolleiste.
- *Vorgabe* macht alle Änderungen in einer Standardsymbolleiste von Word rückgängig. Sie geben über ein Dialogfeld an, in welcher Dokumentvorlage die Änderungen rückgängig gemacht werden.
- *Anpassen* öffnet das *Anpassen*-Dialogfeld zum Bearbeiten der Symbolleisten.

6.2 Automatisches Speichern

Eine wertvolle Funktion ist das automatische Sichern Ihrer Texte. Damit läßt sich ein Schaden bei einem Systemabsturz oder Stromausfall begrenzen. Beim automatischen Speichern wird nicht die normale Textdatei, sondern eine spezielle Sicherungs-Datei verwendet. Wenn Sie Word starten und eine solche Sicherungsdatei ist aktueller als der entsprechende Text, so „fragt“ Word, ob Sie daraus wieder eine normale Textdatei erstellen wollen.
Sie aktivieren das automatische Sichern, indem Sie *Optionen* aus dem Menü *Extras* wählen. Blättern Sie dann auf die Registrierkarte *Speichern* und markieren Sie das Kontrollkästchen *Automatisches Speichern*. Dahinter können Sie angeben, wieviel Minuten zwischen den Speichervorgängen vergehen sollen.

6.3 Menüs und Shortcuts

Die Menüs von Word und die Belegung der Tasten lassen sich beliebig verändern. Wählen Sie hierzu *Anpassen* aus dem Menü *Extras* und zeigen Sie die entsprechende Registrierkarte.

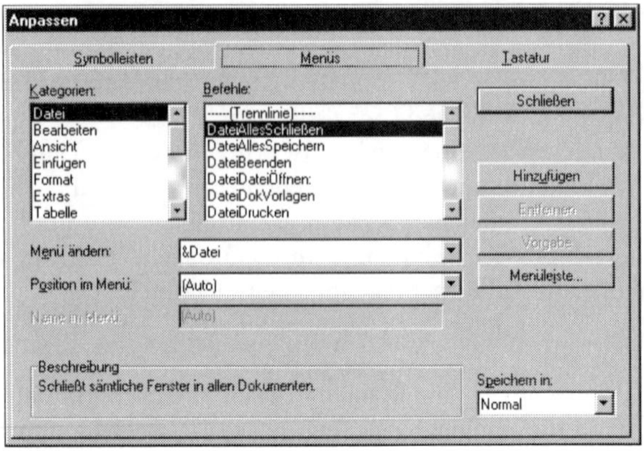

Abb. 6.3: Menüs und Shortcuts anpassen

Einer Menüauswahl oder einem Shortcut läßt sich jede beliebige Funktion von Word oder auch ein Makro zuordnen.

6.4 Makros

Durch Makros lassen sich in Word Funktionsabläufe automatisieren. In ihrer einfachsten Form bestehen Makros aus einer Abfolge von Menüauswahlen, Dialogfeldeinstellungen und Tastendrucken. Solche Makros können angelegt werden, indem Ihre Mausbewegungen und Tastenanschläge aufgezeichnet werden. Komplexe Makros lassen sich mit der Programmiersprache WordBasic erstellen.
Sie können Makros über Symbolleisten-Schaltflächen, Shortcuts oder Menüauswahlen starten. Makros werden in Dokumentvorlagen gespeichert. Wenn Sie ein Makro für alle Texte verfügbar machen wollen, speichern Sie es in NORMAL.DOT.

6.4.1 Makro aufzeichnen

1. Wählen Sie *Makro* aus dem Menü *Extras* und klicken auf die Schaltfläche *Aufzeichnen*. Alternativ können Sie auf *MAK* in der Statusleiste doppelklicken.
2. Geben Sie dem Makro einen Namen unter *Aufzuzeichnender Makro*. Der Name muß eindeutig in der Dokumentvorlage sein und darf keine Leerzeichen enthalten.

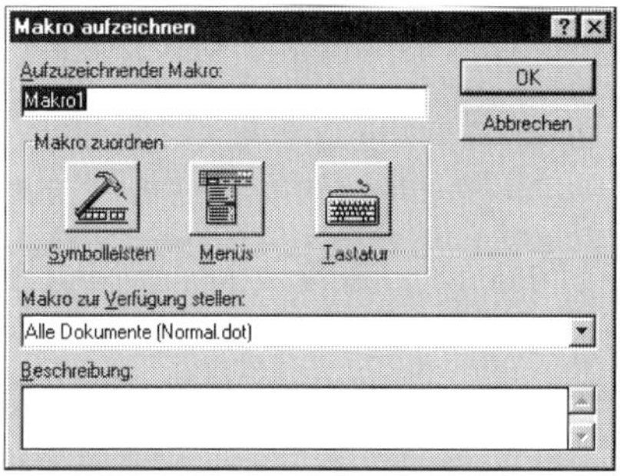

Abb. 6.4: Makro aufzeichnen

3. Wählen Sie unter *Makro zur Verfügung stellen*, ob der Makro in NORMAL.DOT oder in der dem Text zugrundeliegenden Dokumentvorlage gespeichert werden soll.
4. Geben Sie unter *Beschreibung* einen kurzen Text ein, der Sie daran erinnert, welche Aufgabe der Makro hat.
5. Klicken Sie auf eine der Schaltflächen *Symbolleisten, Menüs* oder *Tastatur*, je nachdem ob Sie den Makro über eine Symbolleiste, über ein Menü oder über einen Shortcut starten wollen. Daraufhin gelangen Sie auf die jeweilige Registrierkarte im *Anpassen*-Dialogfeld. Die Makroaufzeichnung startet gleich nach dem Schließen des *Anpassen*-Dialogfelds. Wenn Sie ohne Zuweisung des Makros auf eine Symbolleiste, ein Menü oder einen Shortcut den Makro aufzeichnen wollen, klicken Sie auf *OK*.
6. Führen Sie jetzt die Arbeitsschritte durch, die Sie im Makro speichern wollen.
7. Wählen Sie *Aufzeichnung beenden* im *Makro*-Dialogfeld oder doppelklicken Sie auf *MAK* in der Statusleiste.

Während der Makroaufzeichnung wird eine Symbolleiste eingeblendet, über die Sie den Makro unterbrechen und beenden können.

6.4.2 Makro starten

1. Wählen Sie *Makro* aus dem Menü *Extras*.
2. Wählen Sie die Dokumentvorlage, in der der Makro gespeichert ist, unter *Makros aus* oder wählen Sie dort *Allen aktiven Dokumentvorlagen*.
3. Markieren Sie den gewünschten Makro und klicken Sie auf *Ausführen*.

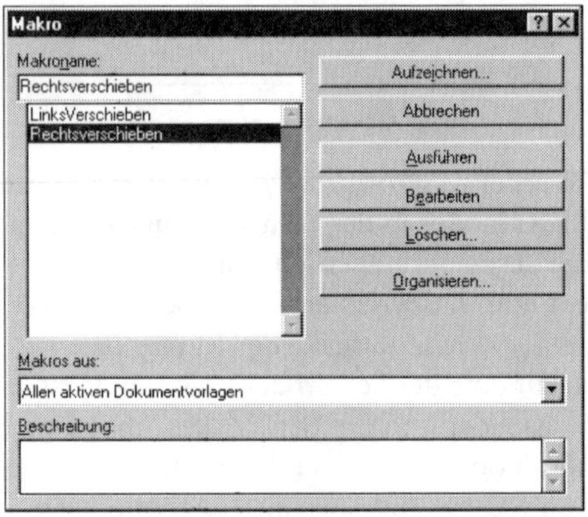

Abb. 6.5: Makros

In den meisten Fällen empfiehlt es sich, den Makro in eine Symbolleiste (siehe Abschnitt 6.1.2) oder in ein Menü aufzunehmen bzw. ihm ein Shortcut (siehe Abschnitt 6.3) zuzuordnen.

7. Grafiken und Objekte erstellen, einfügen und positionieren

7.1 Grafikimport

In Word lassen sich Bilder, die mit einer anderen Anwendung erstellt oder mit einem Scanner erfaßt wurden, auf einfache Art in Ihren Text einfügen.

Grafiken werden auf 2 Arten in Ihrem Text gespeichert:

- Durch Einbettung wird die Grafik in der Textdatei gespeichert. Dabei wird die Textdatei zwar größer, bleibt aber als eine einzige, leicht zu behandelnde Datei bestehen.
- Durch Einbindung wird nur der Dateiname der Grafik in der Textdatei gespeichert, wodurch diese wesentlich kleiner bleibt.

Die eingefügte Grafik verhält sich wie ein Zeichen. Im allgemeinen sollten Sie die Grafik in einen eigenen Absatz stellen, den Sie dann entsprechend (z.B. zentriert mit Rahmen) formatieren können. Wenn die Grafik mitten in einem Absatz steht, fließt der Text nicht um die Grafik. Dazu müssen Sie zuerst einen Positionsrahmen um die Grafik legen. Ebenso läßt sich die Position der Grafik auf der Seite nur über einen Positionsrahmen fixieren.

7.1.1 Grafik in den Text einfügen

Abb. 7.1: Grafik einfügen

1. Setzen Sie die Einfügemarke an die Stelle im Text, an der die Grafik erscheinen soll.
2. Wählen Sie *Grafik* aus dem Menü *Einfügen*.
3. Wählen Sie den Namen der Grafikdatei aus. Klicken Sie auf Vorschau (Symbol), um die Grafik im Vorschaufenster zu betrachten.
4. Wählen Sie *Mit Datei verknüpfen*, wenn Sie eine OLE-Verknüpfung zu der Grafikdatei herstellen wollen. Dadurch läßt sich die importierte Grafik bei Änderungen in der Grafikdatei automatisch aktualisieren. Markieren Sie *Mit Dokument speichern*, wenn Sie die Grafik einbetten und nicht einbinden wollen. Wenn Sie keine OLE-Verknüpfung wollen, wird die Grafik immer im Dokument gespeichert.
5. Wählen Sie *OK*, um die Grafik einzufügen.

7.1.2 Grafik verändern

Wenn Sie auf die Grafik doppelklicken, so können Sie diese entweder direkt im internen Word-Grafikeditor oder in der Anwendung bearbeiten, in der sie erstellt wurde. Letzteres setzt natürlich voraus, daß diese Anwendung auf Ihrem System installiert ist.
Die Grafik läßt sich auch in Word in ihrer Größe verändern:

- Um die Grafik zu dehnen oder zu stauchen, ziehen Sie einen der Ziehpunkte in die gewünschte Richtung. Um das Seitenverhältnis der Grafik nicht zu verändern, verwenden Sie die Ziehpunkte an den Ecken.
- Um die Grafik abzuschneiden, halten Sie `Umschalt` beim Ziehen eines Ziehpunkts gedrückt. Dabei bleibt die Grafik weiterhin vollständig erhalten, so daß sie den ursprünglichen Zustand durch Ziehen in die andere Richtung wiederherstellen können.

7.2 Positionsrahmen

Positionsrahmen dienen dem Positionieren von Text oder Grafiken auf der Seite. Ein Positionsrahmen verbleibt dabei immer an einer festgelegten Lage auf der Seite. Text wird auf Wunsch um den Positionsrahmen herum gedruckt.

Ein Positionsrahmen ist immer mit einem Absatz im Text verbunden. Sie können ihn auch im Absatz „verankern“, so daß er immer auf derselben Seite wie der Absatz erscheint.
Die Einstellungen (Lage, Größe usw.) eines Positionsrahmens werden als Teil der Absatzformatvorlage gespeichert. Somit lassen sich immer wiederkehrende Positionsrahmen, z.B. Piktogramme am Seitenrand, leicht erstellen.

7.2.1 Positionsrahmen anlegen, positionieren und skalieren

Abb. 7.2: Positionsrahmen

Sie erstellen einen leeren Positionsrahmen, indem Sie *Positionsrahmen* aus dem Menü *Einfügen* wählen. Word fragt ggf., ob Sie in die Layoutansicht wechseln wollen, was Sie in der Regel mit Ja beantworten sollten. Ziehen Sie dann an der gewünschten Position ein entsprechendes Rechteck auf.
Um einen Positionsrahmen um eine Grafik oder einen bzw. mehrere Absätze zu legen, markieren Sie die Grafik bzw. die Absätze, bevor Sie *Einfügen/Positionsrahmen* wählen.
Sie können den Positionsrahmen jederzeit durch Ziehen mit der Maus in eine neue Lage bringen.
Durch Klicken auf den Rand läßt sich ein Positionsrahmen markieren. Dann sind Ziehpunkte sichtbar, durch die dem Positionsrahmen eine neue Größe gegeben werden kann.
Der Positionsrahmen ist immer einem Absatz zugeordnet. Wenn der Positionsrahmen markiert ist, wird dieser Absatz durch einen vorangestellten Anker gekennzeichnet. Dieser Anker ist nur bei eingeschalteter Anzeige der Absatzsymbole sichtbar (Schaltfläche *Absatzsymbol anzeigen/verbergen* auf der Symbolleiste). Sie können den

Anker durch Ziehen mit der Maus auf einen neuen Absatz verschieben und diesem somit den Positionsrahmen zuordnen.

7.2.2 Positionsrahmen exakt einstellen

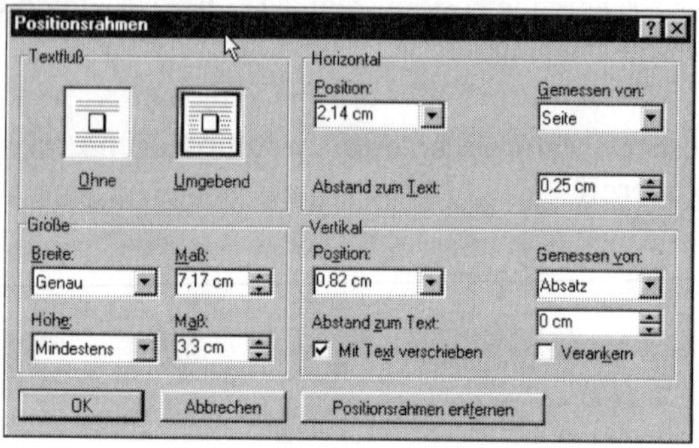

Abb. 7.3: Einstellungen für Positionsrahmen

Wenn Sie einen Positionsrahmen markieren und *Positionsrahmen* aus dem Menü *Format* wählen, öffnet sich ein Dialogfeld, in dem Sie folgende Einstellungen vornehmen können:

- *Textfluß* bestimmt, wie Word Platz für einen Positionsrahmen im Text schafft. *Umgebend* läßt den Text um den Positionsrahmen herumfließen. *Ohne* läßt auf der ganzen Absatzbreite eine Lücke. Der Text kann nur um die rechteckige Kontur des Positionsrahmens, nicht um die Kontur einer Grafik fließen.
- *Größe* läßt Sie die Größe des Positionsrahmens exakt bestimmen. In den einzeiligen Listenfeldern vor den Eingabefeldern kann Word durch *Auto* angewiesen werden, den Positionsrahmen der Größe seines Inhalts anzupassen.
- *Horizontal* und *Vertikal* bestimmen die Lage des Positionsrahmens. Jeweils unter *Position* können Sie ein Maß eingeben oder eines der automatischen Ausrichtungsoptionen auswählen. *Gemessen von* bestimmt den Bezugspunkt für die Lagebestimmung. *Abstand zum Text* bestimmt, wie nahe Word Text an den Positionsrahmen heranführen darf.

- *Mit Text verschieben* legt fest, daß der Positionsrahmen seine Lage bezüglich des ihm zugeordneten Absatz beibehält, auch wenn der Absatz seine Lage auf der Druckseite verändert.
- *Verankern* bestimmt, daß der Positionsrahmen immer auf derselben Seite wie der ihm zugeordnete Absatz gedruckt wird.

7.3 Grafikerstellung und -bearbeitung

Word verfügt über einen leistungsfähigen Grafikeditor, mit dem sich vektororientierte Grafiken erstellen und bearbeiten lassen. Standardmäßig wird dieser Grafikeditor zum Bearbeiten aller vektororientierten Grafiken aufgerufen. Sie können diese Einstellung aber auch auf der Registrierkarte *Bearbeiten* im *Optionen*-Dialogfeld ändern.
Der Word-Grafikeditor verfügt zudem über die Möglichkeit, ohne eingefügte Grafik und ohne Positionsrahmen direkt in den Text zu zeichnen.

7.3.1 Grafiken erstellen

Um eine Grafik zu erstellen, aktivieren Sie zunächst die Symbolleiste des Grafikeditors, indem Sie auf die Schaltfläche *Zeichnen* in der Symbolleiste klicken.
Mit dem Word-Grafikeditor lassen sich 2 Typen von Grafiken erstellen:

- Grafikobjekte verhalten sich wie importierte Grafiken und werden wie ein Zeichen in den Text eingefügt.
- Zeichnungselemente werden direkt im Text gezeichnet und sind mit einem Absatz verbunden. Die Zeichnungselemente können dabei den Text überschreiben oder von Text überschrieben werden.

Die Lage eines Grafikobjekts auf der Seite bestimmen Sie, indem Sie einen Positionsrahmen um das Grafikobjekt legen. Ein Zeichnungselement wird direkt auf der Seite positioniert und benötigt keinen Positionsrahmen.

7.3.1.1 Grafikobjekte erstellen und bearbeiten

1. Bewegen Sie die Einfügemarke an die Stelle, an der das Grafikobjekt erscheinen soll.

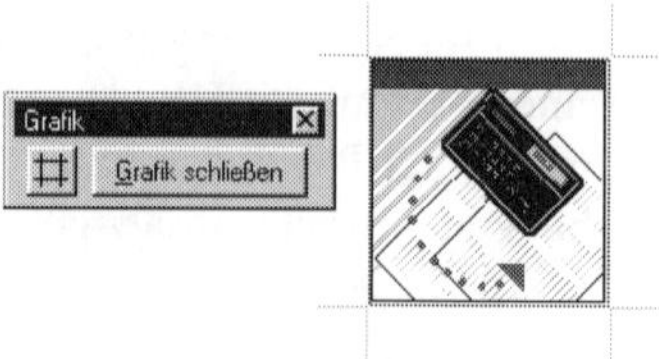

Abb. 7.4: Der Word-Grafikeditiermodus

2. Klicken Sie auf die Schaltfläche *Grafik erstellen* in der Symbolleiste des Grafikeditors. Word schaltet zum Grafikeditiermodus um.
3. Zeichnen Sie die Grafik mit den Hilfsmitteln des Grafikeditors. Sie können dabei über die gestrichelten Linien hinauszeichnen. Die Begrenzung läßt sich mit der Schaltfläche *Begrenzungen wiederherstellen* an die neue Größe der Grafik anpassen.
4. Wenn Sie die Zeichnung fertiggestellt haben, klicken Sie auf *Schließen*, um wieder in den normalen Textmodus zurückzukehren.

Sie können jederzeit in den Grafikeditiermodus umschalten, indem Sie auf das Grafikobjekt doppelklicken.

7.3.1.2 Zeichnungselemente erstellen und bearbeiten

Wenn die Symbolleiste des Grafikeditors sichtbar ist, können Sie mit den Grafikhilfsmitteln direkt in den Text zeichnen. Jedes Element, das Sie zeichnen, wird dabei mit dem nächstgelegenen Absatz verbunden. Somit ändert sich die Lage des Zeichnungselements bezüglich des damit verbundenen Absatzes nicht, auch wenn der Absatz durch Einfügen oder Löschen von Text verschoben wird.

Wenn Sie ein Zeichnungselement durch Anklicken mit der Maus markieren, wird der damit verbundene Absatz durch einen Anker gekennzeichnet – vorausgesetzt, die Absatzwechselzeichen sind im Text sichtbar. Bei Verschieben des Zeichnungselements wird dieses wiederum mit dem nächstgelegenen Absatz verbunden. Sie können auch den Anker auf einen neuen Absatz ziehen und das Zeichnungselement mit diesem Absatz verbinden.

Zeichnungselemente können in Grafikobjekte umgewandelt werden, indem Sie diese markieren und die Schaltfläche *Grafik erstellen* anklicken. Sie können mehrere Zeichnungselemente markieren, wenn Sie beim Klicken `Umschalt` gedrückt halten.

7.3.2 Mit dem Grafikeditor umgehen

Der Grafikeditor wird fast vollständig über die Symbolleiste bedient. In einem Dialogfeld, das über *Zeichnungselement* im Menü *Format* aufgerufen wird, lassen sich Standardvorgaben für Farben, Linienstil und Position einstellen. Wenn ein oder mehrere Zeichnungselemente markiert sind, wirken sich die Einstellungen in diesem Dialogfeld nur auf die markierten Zeichnungselemente aus.

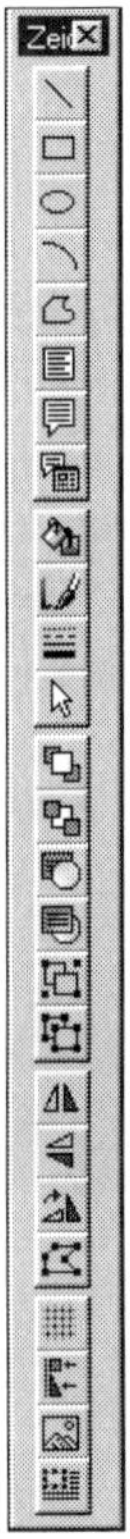

Linie
Rechteck
Ellipse
Bogen
Freihandfigur
Textbox
Legende
Legende formatieren
Füllfarbe
Linienfarbe
Linienart
Zeichnungselement markieren
In den Vordergrund
In den Hintergrund
Vor dem Text
Hinter dem Text
Gruppieren
Gruppierung aufheben
Horizontal kippen
Vertikal kippen
Nach rechts drehen
Umformen
Am Raster ausrichten
Zeichnungselement ausrichten
Grafik erstellen
Positionsrahmen einfügen

Die Schaltflächen auf der Symbolleiste haben folgende Funktionen:

Schaltfläche	**Funktion**
Linie	zeichnet eine Linie durch Ziehen mit der Maus.

Schaltfläche	Funktion
Rechteck	zeichnet ein Rechteck durch Ziehen mit der Maus. Mit [Umschalt] erhalten Sie Quadrate.
Ellipse	zeichnet eine Ellipse durch Ziehen mit der Maus. Mit [Umschalt] erhalten Sie Kreise.
Bogen	zeichnet einen Bogen durch Ziehen mit der Maus.
Freihandfigur	zeichnet eine Freihandfigur durch Klicken auf die Eckpunkte. Bei Doppelklicken auf den letzten Eckpunkt wird die Figur geschlossen.
Textfeld	fügt Text als Zeichnungselement ein. Ziehen Sie einen Rahmen auf und geben Sie darin Text ein.
Legende	fügt Text mit einer Beschriftungslinie als Zeichnungselement ein. Durch Ziehen mit der Maus zeichnen Sie dabei die Beschriftungslinie.
Legende formatieren	öffnet ein Dialogfeld für die Formatierung der Legenden.
Füllfarbe	bestimmt die Farbe der Füllung geschlossener Zeichnungselemente.
Linienfarbe	bestimmt die Farbe der Linien.
Linienart	legt Liniendicke und Pfeilenden fest.
Zeichnungselement markieren	dient zum Markieren von Zeichnungselementen innerhalb des Textes.
In den Vordergrund	legt die markierten Zeichnungselemente über alle anderen.
In den Hintergrund	legt die markierten Zeichnungselemente hinter alle anderen.
Vor dem Text	legt die markierten Zeichnungselemente über den Text.
Hinter dem Text	Legt die markierten Zeichnungselemente hinter den Text.

Schaltfläche	Funktion
Gruppieren	fügt die markierten Zeichnungselemente zu einer Gruppe zusammen, die dann wie ein einzelnes Zeichnungselement behandelt wird.
Gruppierung aufheben	teilt eine Gruppe wieder in ihrer einzelnen Elemente auf.
Horizontal kippen	spiegelt die markierten Zeichnungselemente an einer horizontalen Achse.
Vertikal kippen	spiegelt die markierten Zeichnungselemente an einer vertikalen Achse.
Nach rechts drehen	dreht die markierten Zeichnungselemente um 90° nach rechts.
Umformen	erlaubt das Verändern der Eckpunkte von Freihandfiguren durch Ziehen mit der Maus.
Am Raster ausrichten	öffnet ein Dialogfeld, in dem das Zeichnungsraster eingestellt werden kann.
Zeichnungselemente ausrichten	richtet die markierten Zeichnungselemente aneinander aus.
Grafik erstellen	erstellt ein Grafikobjekt.
Positionsrahmen einfügen	fügt einen Positionsrahmen ein (wie *Einfügen/Positionsrahmen*).

7.4 Objekte

Die in diesem Kapitel bisher vorgestellten Funktionen sind in Word nicht nur auf Grafiken, sondern auf beliebige Objekte anwendbar. Ein solches Objekt kann eine Grafik aus einer anderen Windows-Anwendung, eine Tabelle aus einer Tabellenkalkulation, ein Klang, ein Video und vieles mehr sein. Ist eine Anwendung auf Ihrem System installiert, die Objekte zur Verfügung stellt, so können diese

nach Belieben in Word-Texte eingebunden werden. Ob dies sinnvoll ist, hängt natürlich vom spezifischen Objekt ab.
Im Lieferumfang von Word sind folgende Anwendungen enthalten, deren Objekte optimal von Word eingesetzt werden können:

- Microsoft Chart dient der Erstellung einfacher Geschäftsdiagramme wie Balken-, Kreis- und Liniendiagramme.
- Microsoft WordArt dient zum Erstellen von Überschriften, Initialien u.ä. Dafür stellt diese Anwendung besondere Schriftarten und Effekte zur Verfügung.
- Microsoft Formel-Editor dient der Erstellung von mathematischen Formeln mit Brüchen, Wurzeln, Integralen u.ä.

Objekte können wie Grafiken eingebettet oder eingebunden werden. Beide Verfahren sind in Abschnitt 7.1 beschrieben.

7.4.1 Objekte in den Text einfügen

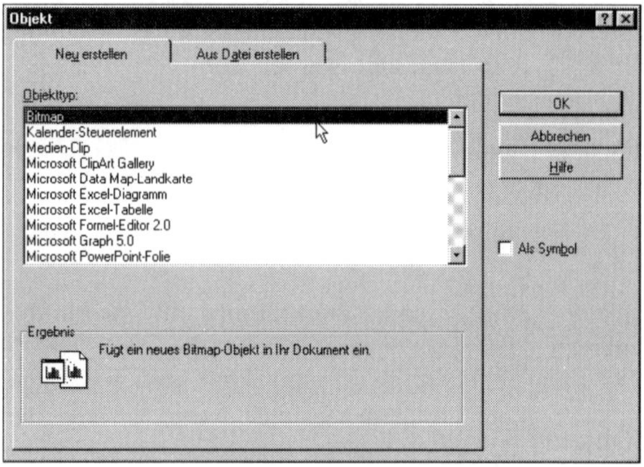

Abb. 7.5: Objekte einbinden

Wenn Sie ein neues Objekt erstellen wollen, gehen Sie so vor:

1. Setzen Sie die Einfügemarke an die Stelle im Text, an der das Objekt eingefügt werden soll.
2. Wählen Sie *Objekt* aus dem Menü *Einfügen*.
3. Wechseln Sie ggf. auf die Registrierkarte *Neu erstellen*.
4. Wählen Sie unter *Objekttyp* die Anwendung, mit der Sie das

Objekt erstellen wollen.
5. Klicken Sie auf *OK*. Word startet die gewählte Anwendung. Neuere Anwendungen werden dabei direkt im Textfenster dargestellt.
6. Erstellen Sie das gewünschte Objekt.
7. Schließen Sie die Anwendung. Das Objekt wird in den Text eingefügt.

Bei dieser Methode werden sämtliche Informationen über das Objekt in der Word-Textdatei gespeichert und keine eigene Datei erzeugt. Wenn Sie bereits über eine Datei von dem Objekt verfügen, können Sie diese direkt in den Word-Text einbetten oder einbinden. Gehen Sie dazu folgendermaßen vor:

1. Setzen Sie die Einfügemarke an die Stelle im Text, an der Sie das Objekt einfügen wollen.
2. Wählen Sie *Objekt* aus dem Menü *Einfügen*.
3. Wechseln Sie ggf. auf die Registrierkarte *Aus Datei erstellen*.
4. Wählen Sie die gewünschte Datei. Word erkennt dabei automatisch die Anwendung, mit der diese Datei erstellt wurde.
5. Wählen Sie *Mit Datei verknüpfen*, wenn Sie das Objekt einbinden wollen. Andernfalls wird das Objekt eingebettet.
6. Wählen Sie *OK*, um das Objekt einzufügen.

7.4.2 Objekte bearbeiten

Durch Doppelklicken auf ihre Darstellung im Text werden Objekte mit der Anwendung, in der sie erstellt wurden, geladen und können dort bearbeitet werden. Alternativ dazu können Sie das Objekt durch Anklicken markieren und *Objekt* aus dem Menü *Bearbeiten* wählen.

Wenn Sie ein Objekt eingebunden haben, das sich durch Bearbeitung außerhalb von Word geändert hat, können Sie es im Word-Text aktualisieren. Wählen Sie dazu *Verknüpfungen* aus dem Menü *Bearbeiten*. Word zeigt in einem Dialogfeld alle Verknüpfungen im aktuellen Text. Markieren Sie dort die gewünschten Verknüpfungen und klicken Sie auf *Jetzt aktualisieren*. Alternativ können Sie auch das Objekt im Text markieren und [F9] drücken.

Wenn Word eingebundene Objekte automatisch aktualisieren soll, wählen Sie die Optionsschaltfläche *Automatisch*.

7.5 Beschriftungen

Word unterstützt für alle eingebundenen Objekte – also Grafiken, Formeln usw. – sowie für Tabellen (siehe Kapitel 8.2) Beschriftungen. Diese werde automatisch durchnumeriert und können für Querverweise (siehe Kapitel 5.5) oder für Abbildungsverzeichnisse verwendet werden.
Beschriftungen werden in sogenannte Kategorien eingeteilt. Eine Kategorie bestimmt dabei eine im Text durchlaufende Nummernfolge. Damit haben Sie die Möglichkeit, z.B. Grafiken, Tabellen und Gleichungen getrennt durchzunumerieren.
Beschriftungen werden aus normalem Text gebildet, der mit der Formatvorlage *Beschriftung* formatiert wird. Die Numerierung wird durch ein SEQ-Feld realisiert und somit automatisch aktualisiert.

7.5.1 Beschriftungen einfügen

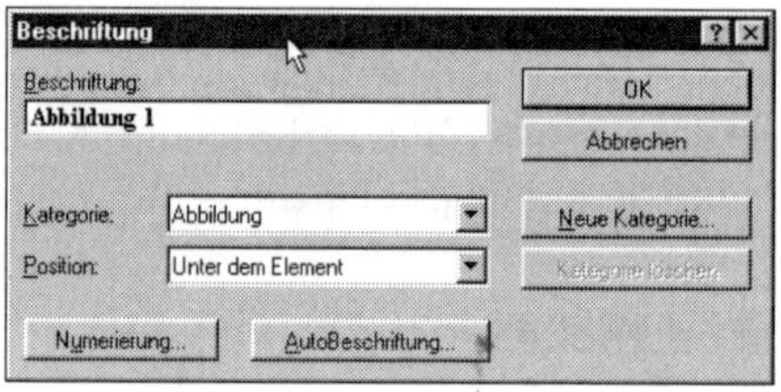

Abb. 7.6: Beschriftung einfügen

1. Markieren Sie das gewünschte Objekt.
2. Wählen Sie *Beschriftung* aus dem Menü *Einfügen*.
3. Geben Sie unter *Beschriftung* den gewünschten Text ein. Word verwendet dabei standardmäßig den Kategorienamen. Der Text läßt sich durch Verwenden von Shortcuts zur Zeichenformatierung formatieren.
4. Wählen Sie die Kategorie. Dabei stehen für oft verwendete Objekte wie Gleichung, Abbildung oder Tabelle die Kategorien in einem einzeiligen Listenfeld zur Verfügung. Wählen Sie *Neue Kategorie*, wenn Sie eine neue Kategorie definieren wollen.
5. *Position* erlaubt Ihnen die Wahl der Beschriftungsanordnung. Dieses einzeilige Listenfeld ist nur aktiviert, wenn ein Objekt

markiert ist.

6. Wählen Sie *Numerierung*, wenn Sie das Numerierungsformat ändern wollen. Interessant ist dabei die Möglichkeit, eine Kapitelnummer in die Numerierung einzubeziehen. Markieren Sie dazu das entsprechende Kontrollkästchen und wählen Sie die Formatvorlage, die den Kapitelüberschriften zugeordnet wurde.
7. Klicken Sie auf *OK*, um die Beschriftung einzufügen.

7.5.2 Automatische Beschriftung

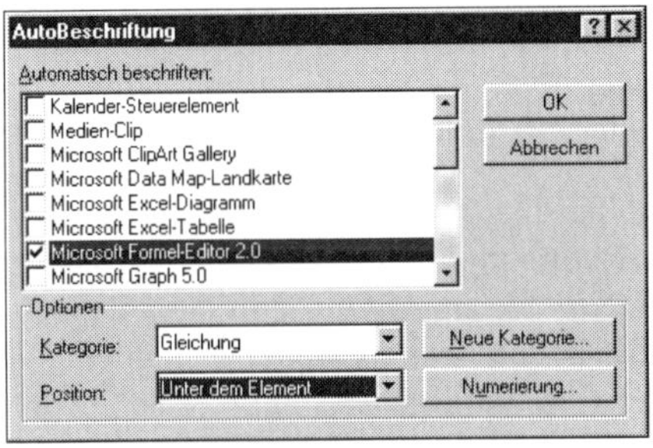

Abb. 7.7: Automatische Beschriftung

In vielen Fällen werden Sie bestimmte Objekte im gesamten Text beschriften wollen. Word stellt hierzu eine AutoBeschriftungs-Funktion zur Verfügung, die ausgewählten Objekttypen automatisch eine Beschriftung zuweist.

Um die AutoBeschriftung zu aktivieren, wählen Sie *Beschriftung* aus dem Menü *Einfügen*. Klicken Sie dann auf *AutoBeschriftung*. Das daraufhin erscheinende Dialogfeld zeigt einer Liste aller möglichen Objekttypen. Markieren Sie die gewünschten Kontrollkästchen. Für die gerade aktive Zeile in der Liste können Sie wie beim manuellen Einfügen der Beschriftung Kategorie, Position und Numerierungsformat wählen.

8. Tabellen, Rahmen und Schattierungen

Word unterstützt Sie auf zweierlei Arten bei der Erstellung von Tabellen. Zum einen können Sie Tabstops (Tabulatoren) als Teil der Absatzformatierung verwenden, zum anderen stellt Word einen wesentlich leistungsfähigeren Mechanismus über spezielle Tabellenobjekte zur Verfügung.
Außerdem erfahren Sie in diesem Kapitel, wie Sie Absätze umrahmen und mit einer Schattierung hinterlegen können.

8.1 Tabstops

Tabstops stellen die klassische Methode für die Erstellung von Tabellen dar. Ein Tabstop ist dabei eine Marke in einer Textzeile, die durch Drücken von [Tab] angesprungen wird. Um eine Tabelle zu erstellen, definieren Sie am Anfang jeder Spalte einen Tabstop.
Tabstops werden in den Text als Steuerzeichen eingefügt und garantieren, daß der dort eingegebene Text exakt an der eingestellten Position ausgerichtet wird, so daß die einzelnen Zeilen in einer Tabelle auch wirklich genau untereinander stehen. Dabei wird – im Gegensatz zu den speziellen Tabellenobjekten – der Text nicht automatisch umbrochen, wenn er über den nächsten Tabstop hinausgeht. Aus diesem Grund sollten Sie Tabellenobjekte verwenden, wenn Sie in einem Tabellenfeld mehrzeiligen Text eintragen wollen.
Wenn Sie keine Tabstops definiert haben, setzt Word alle 1,25 cm einen Tabstop, so daß Sie ohne Vorbereitungen einfache Tabellen eingeben können.
Tabstops sind Teil der Absatzformatvorlage. Da die Einstellung der Tabstops mühsam ist und nur für den Absatz gilt, in dem Sie vorgenommen wurde, sollten Sie eine Formatvorlage anlegen, wenn Sie bestimmte Tabstopeinstellungen häufiger benötigen.

Hinweis:
Verwenden Sie nie mehrere aufeinanderfolgende Leerzeichen, um Tabellen zu formatieren. Diese Vorgehensweise kann zwar bei nichtproportionaler Schrift (z.B. Courier) zu einem befriedigenden Ergebnis führen, bei proportionalen Schriften (z.B. Arial,

Times New Roman) ist es jedoch fast unmöglich, Text oder Zahlen durch Leerzeichen exakt untereinander anzuordnen.

8.1.1 Tabstops über das Lineal definieren

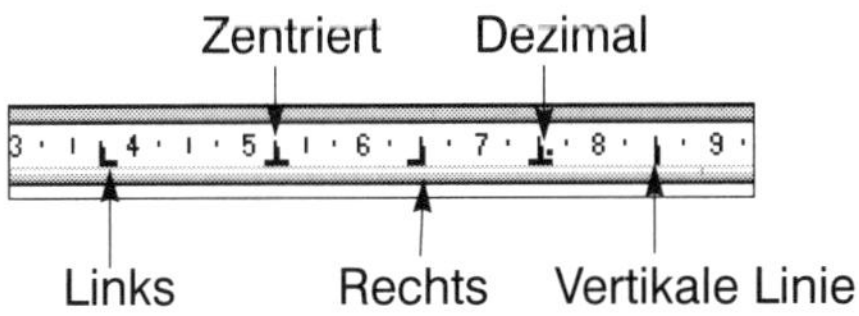

Abb. 8.1: Tabstops im Lineal

Tabstops werden am Lineal angezeigt und können dort verändert werden. Word unterstützt dabei die folgenden Typen von Tabstops:

Name	**Funktion**
Links	Der Text wird mit dem linken Rand am Tabstop ausgerichtet.
Zentriert	Der Text wird am Tabstop zentriert.
Rechts	Der Text wird mit dem rechten Rand am Tabstop ausgerichtet.
Dezimal	Der Text wird mit dem Dezimalkomma am Tabstop ausgerichtet. Somit wird bei Zahlen das Komma untereinander angeordnet.
Vertikale Linie	An der Position des Tabstops wird eine vertikale Linie eingefügt.

Außer der vertikalen Linie können alle Tabstops direkt über das Lineal folgendermaßen eingefügt bzw. verändert werden:

- Um einen Tabstop einzufügen, wählen Sie den gewünschten Typ über die Schaltfläche links neben dem Lineal. Dann klicken Sie auf den Punkt im Lineal, wo der Tabstop eingefügt werden soll.
- Um einen Tabstop zu verschieben, ziehen Sie ihn einfach mit der Maus an die neue Position. Dabei zeigt eine Hilfslinie im Text die jeweilige Position an.

- Um einen Tabstop zu löschen, ziehen Sie ihn nach links aus dem Lineal heraus.

8.1.2 Tabstops über das Menü ändern

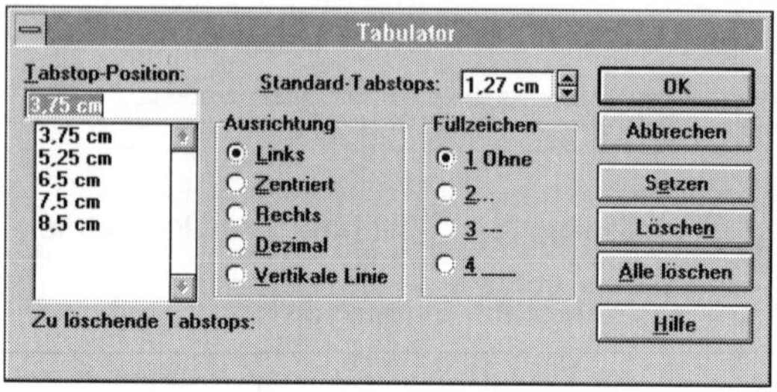

Abb. 8.2: Definition von Tabstops

Wählen Sie *Tabulator* aus dem Menü *Format*, um das *Tabulator*-Dialogfeld zu öffnen. Darin definieren Sie alle Tabstops für den Absatz, in dem sich die Einfügemarke gerade befindet bzw. für alle markierten Absätze.
In diesem Dialogfeld können Sie auch den Typ das Tabulators ändern, indem Sie die entsprechende Position in der Liste anwählen und unter *Ausrichtung* einen neuen Typ wählen. Zusätzlich läßt sich ein Füllzeichen definieren, mit dem der Leerraum zwischen Text und nächstem Tabstop ausgefüllt wird.

8.2 Tabellen

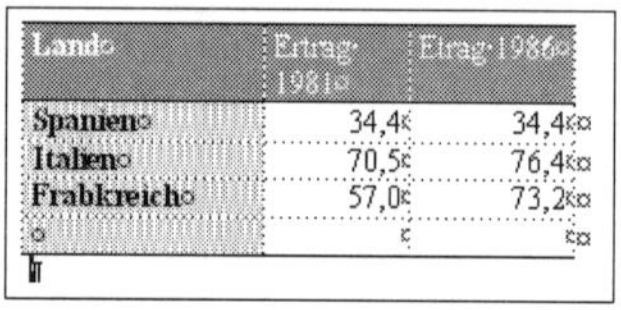

Land	Ertrag 1981	Ertrag 1986
Spanien	34,4	34,4
Italien	70,5	76,4
Frabkreich	57,0	73,2

Abb. 8.3: Tabellen

Tabellen sind spezielle Objekte, die es Ihnen sehr einfach machen, Text tabellarisch anzuordnen. Sie legen nur fest, wie viele Zeilen und Spalten Ihre Tabelle umfassen soll, und tragen dann beliebigen

Text und/oder Grafiken in die Tabellenfelder ein. Word übernimmt dabei die korrekte Formatierung innerhalb der Tabellenfelder.

Word-Tabellen sind nicht nur für die tabellarische Auflistung von Informationen nützlich, sondern sind generell ein angenehmes Hilfsmittel beim Layouten eines Textes. So läßt sich z.B. ein Briefkopf mit grafischem Logo und einem daneben angeordneten Absender mit einer 1zeiligen und 2spaltigen Tabelle realisieren, ohne daß Sie Positionsrahmen verwenden müssen.

8.2.1 Tabelle anlegen

Word verfügt über einen Tabellen-Assistenten, der Ihnen die Erstellung der Tabelle erleichtert. Setzen Sie die Einfügemarke an die Stelle, an der die Tabelle eingefügt werden soll, und wählen Sie *Tabelle einfügen* aus dem Menü *Tabelle*. Klicken Sie dann auf die Schaltfläche *Assistent*. Der Assistent führt Sie über einige Dialogfelder zur Erstellung einer Tabelle.

Am schnellsten läßt sich eine Tabelle über die Symbolleiste anlegen:

1. Setzen Sie die Einfügemarke an die Stelle, an der die Tabelle erscheinen soll.
2. Klicken Sie auf die Schaltfläche *Tabellen* und halten Sie die Maustaste gedrückt. Ziehen Sie dann die Maus nach rechts unten, bis Sie die gewünschte Zahl an Zeilen und Spalten markiert haben. Die Tabelle wird nach Loslassen der Maus sofort eingefügt.

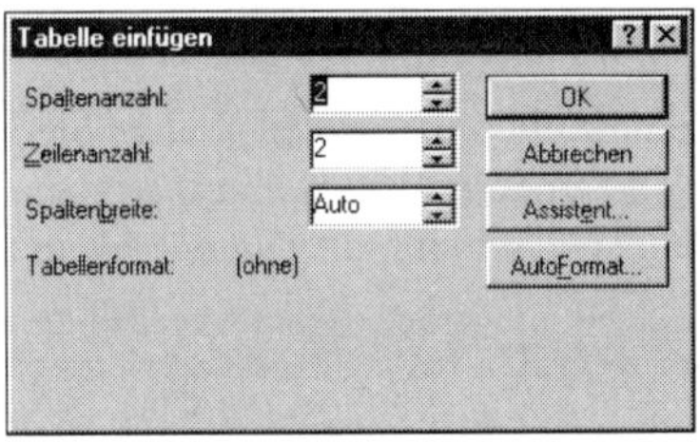

Abb. 8.4: Tabellen einfügen

Ein anderer Weg führt über das Menü. Wählen Sie dazu *Tabelle einfügen* im Menü *Tabelle* und legen Sie im daraufhin erscheinenden Dialogfeld (siehe Abb. 8.4) Zeilen- und Spaltenanzahl sowie

Spaltenbreite fest. Durch *AutoFormat* wählen Sie ein vordefiniertes Format für die Tabelle.

8.2.2 Mit Tabellen arbeiten

Jede Zelle einer Tabelle wird als eigener Absatz betrachtet und kann direkt oder über eine Formatvorlage formatiert werden. Tabstops innerhalb von Tabellenzellen sind ebenfalls möglich. Insbesondere Dezimaltabstops sind hier wertvoll, da so Zahlenwerte korrekt ausgerichtet werden können.

Um Text in die Tabelle einzugeben, klicken Sie auf die gewünschte Zelle und geben den Text ein. In die nächste Zelle gelangen Sie durch [⭾]. Wenn Sie sich in der letzten Zelle befinden und [⭾] drücken, wird eine neue Zeile an die Tabelle angefügt.

Um die Anzahl der Spalten und Zeilen der Tabelle zu verändern, nehmen Sie einen der folgenden Wege:

- Um eine Zeile einzufügen, setzen Sie die Einfügemarke in die Zeile, über der Sie die neue Zeile einfügen wollen. Um mehrere Zeilen gleichzeitig einzufügen, markieren Sie die gewünschte Anzahl an Zeilen in der Tabelle, indem Sie mit der Maus links von der Tabelle über die Zeilen ziehen. Wählen Sie dann *Zeilen einfügen* aus dem Menü *Tabelle.*
- Um eine oder mehrere Spalten einzufügen, verfahren Sie in derselben Weise, nur daß in jedem Fall mindestens eine ganze Spalte markiert sein muß. Sie markieren Spalten, indem Sie mit der Maus über die Spalten am oberen Tabellenrand ziehen. Die Auswahl heißt hier *Spalten einfügen.*
- Wenn Sie einzelne Zellen markieren, indem Sie mit der Maus über diese Zellen ziehen und *Zellen einfügen* aus dem Menü *Tabellen* wählen, so erscheint ein Dialogfeld, in dem Sie bestimmen können, wie die neuen Zellen eingefügt werden sollen.
- Für das Löschen von Zeilen, Spalten oder einzelnen Zellen gehen Sie analog vor, nur daß Sie *Zeilen löschen*, *Spalten löschen* oder *Zellen löschen* wählen.

In Tabellen bewegen Sie die Einfügemarke mit folgenden Tastenkombinationen:

Taste	Funktion
[↹]	Nächste Zelle
[Umschalt]+[↹]	Vorige Zelle
[Strg]+[↹]	Zum nächsten Tabstop innerhalb einer Zelle springen.
[Alt]+[Pos1]	Erste Zelle der aktuellen Zeile
[Alt]+[Ende]	Letzte Zelle der aktuellen Zeile
[Alt]+[Bild↑]	Erste Zelle der aktuellen Spalte
[Alt]+[Bild↓]	Letzte Zelle der aktuellen Spalte

8.2.3 Tabelle formatieren

Die Tabelle wird durch gepunktete Linien, sogenannte Gitterlinien, im Text angezeigt, die aber nicht gedruckt werden. Wenn Ihre Tabelle durch Linien getrennte Spalten enthalten soll, können Sie dies sehr einfach durch die AutoFormat-Funktion erreichen:

1. Wählen Sie *Tabelle AutoFormat* aus dem Menü *Tabelle*.
2. Wählen Sie aus der Liste *Formate* ein geeignetes Format.
3. Passen Sie die Tabelle unter *Formatierung* und *Formatierung von* Ihren Wünschen an.
4. Klicken Sie auf *OK*.

Die Umrandung und Schattierung der Tabellenzellen können Sie auch individuell via *Format/Rahmen und Schattierung* festlegen bzw. ändern.

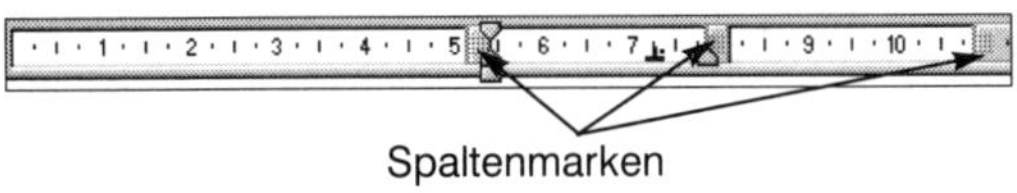

Abb. 8.5: Spaltenmarken bei Tabellen

Die Spaltenbreite läßt sich sehr einfach über das Lineal ändern. Sie brauchen nur die Spaltenmarken auf die gewünschte Position zu ziehen. Alternativ dazu können Sie exakte Maße in einem Dialog-

feld angeben, das Sie über *Zeilenhöhe und Breite* im Menü *Tabelle* öffnen. Darin befinden sich Registrierkarten für Spalten und Zeilen, auf denen Sie die Spaltenbreite und Zeilenhöhe festlegen können. Auf der Registrierkarte *Spalte* können Sie einen Abstand zwischen den Spalten festlegen und die Spaltenbreite über die Schaltfläche *Optimal* anpassen lassen.
Wenn Sie Text über mehrere Spalten schreiben wollen, können Sie Tabellenzellen verbinden, indem Sie die entsprechenden Zellen markieren und *Zellen verbinden* im Menü *Tabelle* wählen. Wenn Sie die Zellen mit den Spaltenüberschriften markieren und *Tabelle/ Überschriften* wählen, werden die Überschriften wiederholt, sobald Word einen automatischen Seitenumbruch durch die Tabelle legen muß.

8.2.4 Tabellen erzeugen und umwandeln

Text, der mit Tabstops oder Semikola in Spalten getrennt wurde, kann sehr leicht in eine Tabelle umgewandelt werden. Markieren Sie dazu den Text und klicken auf die Schaltfläche *Tabelle* in der Symbolleiste. Alternativ wählen Sie *Text in Tabelle* aus dem Menü *Tabelle*.
Mit Hilfe dieser Funktion lassen sich sehr leicht Tabellen aus anderen Anwendungen in Word einfügen, da die meisten Programme über die Möglichkeit verfügen, aus Tabellen Auflistungen mit z.B. durch Semikola getrennten Spalten zu erzeugen.
Ebenso einfach kann eine Tabelle in Text umgewandelt werden. Markieren Sie dazu den Text und wählen *Tabelle in Text* aus dem Menü *Tabelle*. Anschließend legen Sie in einem Dialogfeld das Zeichen fest, womit die Spalten getrennt werden sollen.

8.3 Rahmen und Schattierung

Word erlaubt Ihnen, beliebige Absätze durch Umrahmung und Schattierung hervorzuheben. Diese Methode wird auch angewandt, um Tabellen zu formatieren.
Rahmen- und Schattierungseinstellungen werden in Formatvorlagen gespeichert.

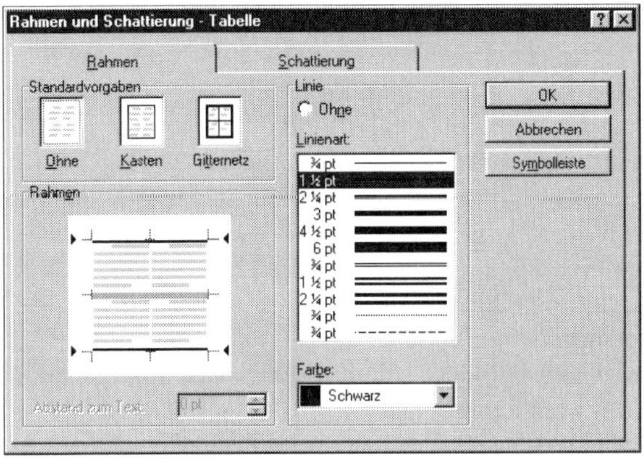

Abb. 8.6: Rahmen und Schattierungen

Hinweis:
Das Formatieren von Tabellen über diese Funktion ist zwar sehr flexibel, aber auch recht mühsam. Einfacher und schneller ist die Verwendung der AutoFormat-Funktion (siehe Abschnitt 8.2.3).

Zunächst müssen Sie das gewünschte Objekt markieren. Im Fall eines einzigen Absatzes reicht es, die Einfügemarke in diesem Absatz zu plazieren. Sollen mehrere Absätze oder Tabellenzellen umrandet und schattiert werden, so müssen Sie diese markieren. Beachten Sie, daß sich bei einer Tabelle die gewählten Einstellungen nur auf die Markierung beziehen. Markieren Sie die gesamte Tabelle, um der ganzen Tabelle eine Umrandung und ein Gitter zuzuweisen. Wählen Sie dann *Umrandung und Schattierung* aus dem Menü *Format*. Dadurch öffnet sich ein Dialogfeld mit zwei Registrierkarten.
Auf der Registrierkarte *Rahmen* (siehe Abb. 8.6) legen Sie die Umrandung fest. Dabei können Sie eine der drei Standardvorgaben wählen. Um nur einzelne Rahmen und Gitterteile zu drucken, klikken Sie unter *Rahmen* die gewünschte Stelle an. Für das markierte Rahmen- oder Gitterteil können Sie eine Linienbreite und -farbe angeben.
Die Registrierkarte *Schattierung* enthält die Einstellungen für die Schattierung. Legen Sie einen Helligkeitsgrad und eine Farbe für die Schattierung fest. Wenn Sie die Hintergrundfarbe verändern, können Sie Farben mischen.

Sachverzeichnis

Mit der Buchreihe **Sofort im Griff** liegt ein neuartiges Konzept für Computerbücher vor. In den letzten Jahren hat sich das Wissen über Computer zu Allgemeingut entwickelt. Kaum jemand könnte von sich behaupten, er habe noch nie etwas mit Computern zu tun gehabt, sei es in der Arbeit oder zu Hause. Begriffe wie „Hardware", „Software", „Menü" und „Maus" gehören mittlerweile zum täglichen Sprachgebrauch.
Die Buchreihe **Sofort im Griff** trägt dieser Entwicklung Rechnung. Statt mit langatmigen Einführungen über bereits Bekanntes soll mit einprägsamen Schritten rasch an das Wesentliche herangeführt werden. Die einzelnen Programmbefehle werden so erläutert, daß man sich das Blättern in umfangreichen Dokumentationen sparen kann.

Beck EDV-Berater im dtv bieten fundiertes Computer-Know-how, vermittelt von professionellen EDV-Fachbuchautoren. Mit viel Einfühlungsvermögen für die typischen Schwierigkeiten des Anfängers und dem Wissen über die Bedürfnisse des fortgeschrittenen Anwenders bereiten sie den Stoff so auf, daß er der jeweiligen Zielgruppe den besten Einstieg in Programme und Themen ermöglicht.
Folgende Reihen berücksichtigen die unterschiedlichen Interessen:

- **Basiswissen** – Diese Reihe wendet sich an Anfänger am Computer.
- **Aufbauwissen** – Für den ambitionierten Benutzer, der ein Programm vollständig kennenlernen will oder Spezialwissen dazu sucht.
- **A bis Z** – Für alle, die Informationen zu einzelnen Stichwörtern benötigen.
- **Sofort im Griff** – Für versierte PC-Anwender, die sich schnell in ein neues Programm einarbeiten möchten.
- **Hyperbook** – Für alle, die einen A-bis-Z-Band in elektronischer Form einsetzen wollen.
- **Software** – Ausgesuchte Shareware-Programme zu verschiedenen Themen auf Diskette 9 cm (3½ Zoll) im Taschenbuch mit Programmanleitung.

Oliver Bouchard arbeitet als Programmierer und hat bereits mehrere PC-Bücher veröffentlicht. **Elke Nominikat** studierte Linguistik und arbeitet heute als technische Redakteurin.